母子生活支援施設の現状と課題

武藤　敦士　著

みらい

はしがき

　社会福祉士の資格取得を目的とした社会福祉援助技術現場実習で初めて母子生活支援施設を訪れてから、もう12年が経つ。当時をふり返ると、実習が始まるまでに何をどのように勉強しておけばよいかもわからず、勢いのままに現場に飛び込んだ記憶が残っている。夏の暑い時期に、子どもたちと遊び、話し、笑った。夕方にはお母さんたちが子どもを迎えに居室から出てきたため、子どもをめぐる話やお母さん自身の若いころの話に花が咲いた。関係性ができてくると、子どもたちも、お母さんたちも、様々なことを話してくれた。そこでうかがったお母さんたちの生い立ちや生活にまつわる話題は、今でも鮮明に覚えている。

　ご指導いただいた施設長からは、「ここのお母さんたちは皆、正気と狂気の間にいるからね」とうかがった。誤解がないようにあらかじめことわっておくが、これは入所者を揶揄した言葉ではない。問題が複雑に絡まりあってどこからほぐせばいいかわからないような状態にある母子世帯の、正気と狂気の間にいる母親に、何とかして正気の世界に戻ってきてほしいという、そんな願いから発せられた言葉であった。

　この施設は、他の施設から入所を断られたり、何らかの理由で他の施設を退所せざるを得なくなった困難ケースを率先して引き受けていた。職員は皆、入所世帯が健康で文化的な生活を取り戻せるように、日夜奮闘していた。それはまさに、母子世帯を世帯として受け止める最後の砦としての、母子生活支援施設の役割・機能に則った使命感からくるものであった。

　入所世帯のほとんどが、激しい貧困や暴力のなかで多くの問題を抱えていた。不登校の子どもを抱えた知的障害と身体障害を併せ持った母親、何度も結婚と離婚をくり返し、多くの子を持ったにも関わらず、末子だけを連れて入所してきた母親、複数の子どものほとんどに知的障害のある母親、子どもの父親がすべて異なる母親、知的障害の子どもを抱えながら風俗で働く母

親、外国籍の母親と無戸籍の子どもなど、数え上げたらきりがない。子どもたちの学業成績は押しなべて低く、登校自体が困難なケースも複数みられた。母親の多くが中卒や高校中退であり、安定した職業に就くことも困難な様子であった。どこから手をつければ世帯の抱えている問題を解決できるのか、当時の私には見当もつかなかった。

　母子生活支援施設のほとんどは、多かれ少なかれ現在もこのような状態にある。どの施設も複雑で深刻な生活問題を抱えた母子世帯と日夜向き合っており、職員はどれだけ経験を重ねても、常に新たな課題と対峙することになる。各世帯で抱えている問題の内容や程度も違えば、世帯員それぞれに問題の解決・改善に向けた考え方も異なる。長期にわたる貧困や暴力のなかで、自らの希望を口にすることすらあきらめてしまうほど、著しく自己肯定感を低下させられた母子も珍しくない。一方で、過度に攻撃的な態度をとり、自己を防衛しようとする姿勢をみせる母子もいる。このように、信頼関係の構築に非常に長い期間を要する世帯が多く入所しているにも関わらず、職員は関係性が十分に構築できていない入所初期より、離婚、就労、就学、通院など多くの支援に携わらなければならない。さらに、母子生活支援施設のほとんどが集合住宅の形態をとっていることから、対人関係の不安定な世帯間でトラブルが発生することも稀ではない。経験の乏しい若手職員はこのような現実と向き合うなかで疲弊し、現場を離れていくことも多い。職員を対象とした研修会では、発達障害を抱えた児童や精神障害を抱えた母親への対応といった困難事例への対応方法をテーマとして取り上げてもらいたいという要望が、若手職員から繰り返しあげられている。しかし、職員の職場定着率の低さは、特定のテーマを継続的、発展的に取り上げることを困難にしている。その結果、スーパーバイザーの不在により場当たり的な支援を繰り返す施設、職員と入所者の合意形成が滞り支援がスムーズに進まなくなった施設など、本来の役割・機能を発揮できなくなった施設もみられる。

　このような施設の多くは、直面する問題の解決方法を根拠のない経験則に求めがちである。生活問題が発生する社会的な背景を職員間で十分に共有で

きず、また、支援の結果をソーシャルワークの理論や方法と照らし合わせて
検証することも不十分であるため、適切さを欠いた支援方法により問題が深
刻化したり、当事者と職員間の信頼関係が損なわれたりする場合がある。支
援の失敗を当事者の責任に転嫁してしまった結果、当事者の自己肯定感を一
段と低下させ、負の感情と失敗経験だけを残してしまうこともある。「こん
なことなら入所しなければよかった」、「まだ DV を受けていた方がマシだっ
た」、本音であるかどうかは別にして、このような言葉を当事者の口から聞
くのは実践者としても研究者としても心が痛む。

　職員が一生懸命支援しているにもかかわらず、好ましくない結果を招いて
しまう背景には何があるのか、どうすれば当事者とともに歩む支援が実現で
きるのか、職員集団として成長しながらよりよい支援を展開するためにはど
うすればよいのか。筆者はいくつかの施設を比較しながら常にこの問いと向
き合ってきた。疲弊する職員、追いつめられていく母子の姿を目の当たりに
しながら、まず何をしなければならないのか、それを考えた。

　その答えが本書である。筆者は、母子生活支援施設に今何が求められてい
るのか、現場は今どのような課題と直面しているのかを明らかにするととも
に、母子世帯が労働市場においてどのように位置づけられ、どのような課題
を抱えているのかを明らかにすることにより、職員と当事者が課題を共有
し、ともに歩むことができるようになると考えた。職員が当事者の実態を正
しく理解し、制度・施策の現状と社会保障の限界を見極めることができれ
ば、支援の方向性は明確になり、問題を当事者と共有することができるので
はないか。その思いから本研究はスタートしている。本書が研究者だけでな
く、施設職員や母子生活支援施設で実習をおこなう学生の目に留まり、当事
者理解や支援の一助になれば幸いである。

　なお、本書は2020年3月に立命館大学大学院社会学研究科に提出した博士
論文「母子生活支援施設における支援のあり方に関する研究―母子生活支援
施設の現状と支援の課題」（博甲第1376号）を加筆・修正したものである。

本書の刊行にあたっては、立命館大学より「立命館大学大学院 博士論文出版助成制度」による助成金の交付を受けている。

目　　次

第2章　母子生活支援施設入所世帯の実態

第3章　母子生活支援施設における自立支援のあり方

第 4 章　ドイツの母と子の家（Haus für Mutter und Kind）にみる母子世帯支援

〔初出一覧〕

第1章 「母子生活支援施設における地域協働の意義と課題 〜『全国母子生活支援施設協議会倫理綱領』に定める地域協働の実現に向けて〜」『社会福祉士』(20)、8-16、2013年3月

「施設数減少からみた母子生活支援施設の研究と実践の課題―戦後母子寮研究からの示唆―」『立命館産業社会論集』51(3)、105-124、2015年12月

「母子生活支援施設の役割・機能と支援対象―母子生活支援施設入所世帯の実態と施設が抱える今日的課題―」『同朋福祉』22(44)、143-176、2016年3月

「3章 ワークフェアか所得保障か―女性労働者問題から考える母子世帯の貧困」大友信勝監修、權順浩・船本淑恵・鵜沼憲晴編『社会福祉研究のこころざし』法律文化社、45-61、2017年3月

第2章 「母子生活支援施設入所の母子世帯が抱える課題 〜母子生活支援施設入所世帯のドキュメント分析を通して〜」『社会福祉士』(22)、30-37、2015年3月

「母子生活支援施設入所世帯の所得変動に関する一考察 ―入所後3年間の所得に注目して―」『高田短期大学介護・福祉研究』(4)、25-36、2018年3月

第3章 「母子世帯の貧困と就労支援の課題―『母子家庭自立支援給付金事業』を中心として―」『龍谷大学大学院研究紀要 社会学・社会福祉学』19、37-56、2012年3月

「母子生活支援施設における『アフターケア』に関する一考察 ―『母子生活支援施設運営指針』を中心として―」『中部社会福祉学研究』(4)、75-84、2013年3月

「母子生活支援施設における自立支援計画のあり方について」『人間福祉学研究』6(1)、105-123、2013年11月

第4章 書き下ろし

※ただし、一部は大幅に加筆・修正を加えている。

序章

第1節　本研究の背景と目的

1．研究の背景

　母子生活支援施設は児童福祉法に定められた児童福祉施設である。第二次世界大戦後、児童福祉法の成立とともに、「配偶者のない女子又はこれに準ずる事情にある女子及びその者の監護すべき児童を入所させて、これらの者を保護すること」を目的とした「母子寮」として児童福祉施設のひとつに位置づけられ、地域で自立した生活を営めなくなった母子を世帯のまま保護する役割を担ってきた。

　母子寮はその後、1997年の児童福祉法改正により、「これらの者の自立の促進のためにその生活を支援」することが目的に加えられ、その名称も「母子生活支援施設」に変更された。さらに、2004年の改正で、「あわせて退所した者について相談その他の援助を行うこと」が加えられ、今日に至っている。

　支援対象は児童福祉法の対象となる児童と、それを監護している女性であるが、そのほとんどは母子世帯である[1]。母子寮は戦後の混乱期、戦争によって生み出された多くの死別母子世帯を保護し支援していたが、児童の成

長とともに戦争による死別母子世帯は減少し、離婚等による生別母子世帯が支援の主たる対象となっていった。近年では入所世帯の半数以上が配偶者などからの家庭内暴力（Domestic Violence、以下「DV」という）を理由に入所しており[2]、それにともない現場ではDV被害者である母親や被虐待児に対する支援が求められるようになってきた。その一例として、2011年には心理療法担当職員の配置が義務づけられるなど[3]、支援のあり方にも変化が生じている。

　母子生活支援施設としての支援の方針は、2012年3月に厚生労働省が発表した「母子生活支援施設運営指針」（以下、「運営指針」という）によって示されている[4]。この運営指針は施設の運営の質の向上を目的として策定されており、その後の母子生活支援施設における支援は、この運営指針をひとつの指標として展開されることとなった。さらに、2014年3月には厚生労働省がこの運営指針の内容にもとづいた「母子生活支援施設運営ハンドブック」（以下、「手引き」という）を出したことから、現在は運営指針と手引きが支援の指標となっている。

2．研究の目的

　1997年の児童福祉法改正による施設名称の変更とともに母子生活支援施設に求められるようになった自立支援や退所後の支援（アフターケア）については、手引きによって具体的な支援方法が示された。手引きは、「母親と子どもが抱えているニーズがほとんど充足された（支援が終結した）場合は、退所になる」と考えており、さらに、「退所後も、必要であればフォローアップを行」うとしている[5]。これをみると、入所母子が抱えている生活問題は基本的に退所までに解決・改善されるものであると考えられており、退所後のアフターケアがフォローアップとして位置づけられている。この手引きにおける入所中の支援とアフターケアのとらえ方をみると、「自立」を退所時までに達成できる概念として捉え、ソーシャルワーク終結後のフォローアップをアフターケアとして位置づけ、「このような一連の一貫した支援の

流れ」を「自立支援」と考えた山辺朗子（2007）の研究が反映されているように　みえる。手引きは同時に、「ニーズが解決に至っていない状態での退所はできるだけ避けなければな」らないことを指摘している[6]。その前提であれば、入所中の支援とアフターケアの関係は手引きのとおりとなり、山辺がいう「自立支援」は成り立つ。

ところが、常に政策的に母子世帯の母親に求められている「経済的自立」に注目すると、実際には「経済的自立度が高まったので」という理由で退所している世帯は、ここ10年以上全体の２割程度で推移しており変化がみられない[7]。また近年、入所後３年以内に退所する世帯の割合も増加している。さらには、入所理由や抱えている生活問題の状況にかかわらず、入所時に施設利用期間を一律２年や３年と定めて入所させる母子生活支援施設や行政機関も存在している。このことから、入所母子が抱えている生活問題は、専門的、集中的な支援が展開されている母子生活支援施設においても、退所までに必ず解決・改善されるものではないという可能性を指摘できる。

退所までに生活問題の解決・改善に至らない世帯の存在は、手引きや山辺が示す「自立支援」を基本としながらも、それだけでは支援のあり方として不十分であることを示している。ところが、退所までに生活問題が容易に解決・改善するものではないという前提で「自立支援」を考えた研究は、これまでほとんど展開されてこなかった。

このような母子生活支援施設に関する研究の現状を金川めぐみ（2012：12）は、「ひとり親世帯研究の中ではいまひとつ注目されず、また児童・高齢者・障害者等の他の社会福祉施設が、社会福祉基礎構造改革の中でそのあり方の変化を受け役割を問い直す傾向にあるのに対し、いまだ『立ち遅れ』感がぬぐえない性質のものとなっているように思われる」と指摘している。母子生活支援施設における支援のあり方に関する研究の蓄積は今もなお十分とはいえず、自立支援やアフターケアといった支援のあり方について明確に示したものはほとんどない。

これら支援のあり方について、業界団体である社会福祉法人全国社会福祉

協議会・全国母子生活支援施設協議会は2015年5月にようやく、私たちのめざす母子生活支援施設（ビジョン）策定特別委員会（2015）による『私たちのめざす母子生活支援施設（ビジョン）報告書』出し、そのなかで母子生活支援施設の近未来像を提示した。今後の実践と研究はこの報告書の内容と照らし合わせながら検討され、また展開されていくことになろう。

　そこで本研究では、先行研究や当事者の実態から施設が抱える課題や入所世帯の特徴を明らかにしたうえで、運営指針や手引きの内容を踏まえながら母子生活支援施設に求められる自立支援やアフターケアといった支援のあり方について明らかにする。

第2節　本研究の視点と方法

1．研究の視点

　母子生活支援施設における支援のあり方を考えるためには、母子世帯の自立をどのようにとらえるかを明らかにしなければならない。

　母子生活支援施設も児童福祉施設のひとつであることから、入所世帯の自立を考えるうえで、2000年代に入って注目を集めるようになった「子どもの貧困」問題の解決・改善を考える視角は重要である。「子どもの貧困」問題は当初、貧困状態におかれた児童の実態を明らかにし、機会の不平等、貧困の連鎖などをどのように解決・改善していくかが議論の中心になっていた。そのため、貧困な児童が所属する世帯の実態に言及する研究は少なかった。支援についても、「子どもの貧困」問題をどのように取り扱うのか、どのように機会の平等を実現するのかといったところに焦点化され、子どもが育つ世帯が抱える貧困問題の解決・改善（つまり、親が抱える貧困問題の解決・改善）という視点に乏しかった。しかし、近年では「子どもの貧困」問題を世帯の貧困問題としてとらえる視点が一般化されており、内閣府（2014：2）「子供の貧困対策に関する大綱」も、「貧困は、子供たちの生活や成長に

様々な影響を及ぼすが、その責任は子供たちにはない」と指摘している。「子どもの貧困」がどのような世帯で特に問題になっているのかを世帯類型別にみると、厚生労働省が実施する国民生活基礎調査や先行研究ではひとり親世帯の子どもの貧困率が突出して高くなっている。特に、ひとり親世帯の大半を占めている母子世帯でその傾向は顕著である[8]。

母子世帯の貧困率が突出して高い背景には、母親の低所得問題がある。母子世帯の母親の多くがすでに何らかのかたちで就労しているにもかかわらず低い所得状況に置かれていることは、厚生労働省が実施している全国ひとり親世帯等調査でも明らかにされている。そのため、母子世帯の母親がワーキング・プアの典型であることを、多くの研究者が指摘している[9]。

本研究では、母子世帯で実際に発生している生活問題の解決・改善の方策を考えるうえで、母子世帯を女性労働者としての母親とその子どもによって形成される世帯としてとらえている。母親を女性労働者としてとらえる本研究の視点は、ともすると入所児童にのみ着目しがちな母子生活支援施設に関する実践や研究において、貧困問題やそれに起因する各種の生活問題を世帯が抱える問題としてとらえやすく、それゆえに支援のあり方を考えるうえで重要な意義をもつとともに、日本の母子世帯支援のあり方に対しても示唆を与えることができると考えている。

2．研究の方法

母子生活支援施設は母子が世帯のまま入所する施設であることから、世帯の自立という母子生活支援施設独自の視点にもとづく自立支援計画の策定と、それに沿った支援が求められている。母子生活支援施設に関わる実践者や研究者はこの研究課題を達成するために、世帯としての自立をどのようにとらえるかを明確にすることが大切であり、それが明らかになれば自ずと自立支援とアフターケアの内容と関係性が整理され、それに沿った支援を展開できるはずである。

そのために、本研究ではまず、先行研究等のレビューを通して、母子生活

支援施設の現状と施設が抱えている課題を明らかにしていく。母子寮時代の歴史研究は林千代（1978、1979、1992）に代表されるが、その研究は母子寮時代で途絶している。そこで、本研究では林に代表される母子寮の歴史に関する研究を概括したうえで、今日の母子生活支援施設に入所している世帯の現状と施設が抱える課題を、その後の研究や近年の母子生活支援施設に関する実態調査報告から明らかにしていく。

　次に、入所世帯の母親が置かれた状況から、世帯の自立の困難性を明らかにする。ここでは、母子生活支援施設に入所している世帯の特徴を、施設が保管するケース記録等各種書類を対象とした質的調査によって明らかにしていく。母子生活支援施設は近年の DV 被害世帯の増加により、その実態を調査することが難しくなっているが、今回中核市にある A 母子生活支援施設と、政令指定都市にある B 母子生活支援施設の協力を得ることができた。A 母子生活支援施設における調査では、施設が保管するケース記録等の書類から、各世帯が入所に至る過程において、どのような問題を抱えていたか、その問題が世帯の生活にどのような影響を与えてきたのかを、特に母親の生活史に焦点を当てて明らかにする。B 母子生活支援施設における調査では、施設が記録している各世帯の収入状況から、入所後の各世帯の収入の変遷と、その水準について明らかにする。

　以上の各研究を踏まえたうえで、母子生活支援施設に求められる支援のあり方とその課題について明らかにする。支援現場において当事者を主体としたソーシャルワークを展開するためには、当事者と支援者が協働関係になる必要がある。母親とその監護すべき児童が入所する母子生活支援施設においては、母子自身が抱えている生活問題を認識し、世帯としての自立目標を設定し、そのうえで各自の個別目標を設定することとなる。その支援において、退所や自立をどこに位置づけるのかを明らかにすることができれば、入所から退所後のアフターケアまでの一連の一貫した支援が実現可能となる。

　さらに、本研究ではドイツにおける "Haus für Mutter und Kind（母と子の家）" の実践から、母子生活支援施設における支援のあり方を考える。

母子生活支援施設は日本特有の施設であり、海外に同様の役割・機能をもった公的施設はほとんど見あたらない。先行研究等においても、類似の目的をもった施設はごくわずか確認できる程度である。その中でドイツの"Haus für Mutter und Kind"は古くよりその存在が知られていた。しかし、日本国内で"Haus für Mutter und Kind"の役割・機能について紹介された資料はほとんど見当たらず、母子生活支援施設における実践と研究に対して示唆を与えることはなかった[10]。そこで、本研究では"Haus für Mutter und Kind"の役割・機能をドイツの母子世帯に対する支援制度・施策との関係から明らかにする。

第3節　本研究の意義と構成

1．研究の意義

　母子生活支援施設に関する研究は、同じ児童福祉施設である児童養護施設に関する研究に比べて非常に少ない。また、社会政策の領域において母子世帯の貧困や支援に関する研究はあっても、それを母子生活支援施設に当てはめて具体的な支援のあり方を考えた研究はほとんどない。特に、筆者のように母親の雇用・労働問題に着目して支援の限界を明らかにしたうえで、自立支援やアフターケアのあり方を提起した研究はなかった。

　本研究には、母子生活支援施設における支援のあり方を明らかにする過程において、いくつかのねらいがある。

　第1に、母子生活支援施設に関する研究の底上げである。本研究の目的は母子生活支援施設に求められる自立支援とアフターケアのあり方を明らかにすることであるが、その過程において先行研究では明らかにされてこなかったいくつかの課題を明らかにしていきたい。

　第2に、母子生活支援施設における自立支援の「自立」について、どのような状態を自立ととらえ、どのように支援していくのかを明らかにすること

である。この課題を解決しなければ、自立支援やアフターケアの視点や方法を実践者や研究者が共有することはできないからである。

　第3に、母子生活支援施設の存在意義を明らかにすることである。施設数、利用者数ともに減少傾向にある母子生活支援施設の存在意義を今一度本研究で問い直す必要があると考えた。

　第4に、母子生活支援施設における支援のあり方を明らかにすることにより、母子世帯全体に対する支援のあり方に示唆を与えることである。入所世帯の実態を調査・分析することにより、今の日本の母子世帯支援に何が足りないのか、どうすればよいのかを明らかにすることができると考えた。

　第5に、海外の母子支援施設の実態を明らかにすることである。母子生活支援施設は日本独自の施設であり、他に類を見ないといわれている。しかし、数少ない先行研究のなかから類似の施設を発見することができたため、その詳細を明らかにし、日本との違いを比較し応用の可能性を探ることとした。

　以上のように、本研究はこれまでの母子生活支援施設に関する研究が明らかにしてこなかったいくつかの事柄に対して、新たな知見を得ることに挑戦した。

2．研究の構成

　本論は、先述の研究のねらいを明らかにするために、以下のように構成している。

　第1章では、戦後母子寮の歴史的な変遷に関する研究が母子寮時代で途絶しておりその後の研究がみられなかったことから、今日の母子生活支援施設に至る歴史的な変遷のなかで、それぞれの時代に実践と研究が何を課題としていたのかを明らかにする。そのうえで、今日の母子生活支援施設に求められている実践と研究の課題を抽出する。

　第2章では、中核市にあるA母子生活支援施設と政令指定都市にあるB母子生活支援施設の2か所の母子生活支援施設における質的調査から、入所

世帯の母親が抱える生活問題と、入所中の収入の変化とその水準を明らかにする。

第3章では、先行研究等の分析と母子世帯の実態から、「自立」と「施設退所」の関係を明らかにし、そのうえで今日の母子生活支援施設に求められる自立支援やアフターケアのあり方を明らかにする。また、併せて支援の体系についても明らかにする。

第4章では、日本の母子生活支援施設と比較的類似した機能をもつドイツの母子支援施設 "Haus für Mutter und Kind" の調査から、ドイツにおける母子支援の現状と課題を明らかにする。

以上をふまえた上で、日本の母子世帯支援の課題を指摘するとともに、母子生活支援施設の実践と研究の残された課題について明らかにする。

注釈

1) ごく稀に、祖母と18歳未満の孫、成人した姉と18歳未満の弟妹といった母子ではない組み合わせで入所する世帯もある。松本武子・鈴木伸子（1968：9）の調査では、「保護者が女子であって、養子をもらったり、孫を引きとったり、または兄弟の子どもと暮しているということから生じている母子世帯」の存在を明らかにしている。

2) 社会福祉法人全国社会福祉協議会・全国母子生活支援施設協議会（2017）『平成28年度全国母子生活支援施設実態調査報告書』では、新規入所世帯に占める「夫などの暴力」を理由に入所した世帯は59.7%と報告されている。

3) 「児童福祉施設最低基準」（現在の「児童福祉施設の設備及び運営に関する基準」）の改正により、第27条に「心理療法を行う必要があると認められる母子十人以上に心理療法を行う場合には、心理療法担当職員を置かなければならない」と定められた。

4) 運営指針は、2011年7月に児童養護施設等の社会的養護の課題に関する検討委員会・社会保障審議会児童部会社会的養護専門委員会が発表した「社会的養護の課題と将来像」のなかで、「社会的養護の施設には、これまで、保育所保育指針に相当するものが無いことから、平成23年中を目標に、各施設等種別ごとに、運営理念等を示す施設運営指針を策定する」ことを目的として、各種別施設ごとにワーキンググループが組織され、そのなかの母子生活支援施設ワーキンググループ（菅田賢治座長）によって策定された。各種別施設ごとの運営指針はとりまとめられ、2012年3月29日付雇児発0329第1号「社会的養護施設運営指針及び里親及びファミリーホーム養育指針について」として、厚生労働省より都道府県等に通知された。

5) 厚生労働省（2014：104-105）「母子生活支援施設運営ハンドブック」。

6) 同上、105。

7) 社会福祉法人全国社会福祉協議会・全国母子生活支援施設協議会（2017：116）、および武藤敦士（2018：25-26）を参照のこと。

8) 国民生活基礎調査では、1985（昭和60）年以降ひとり親世帯（本調査では、「大人が一人」世帯）の貧困率は常に５割を超えている。世帯類型の状況をみると、常にひとり親世帯の８割から９割を母子世帯が占めている。また、全国母子世帯等調査では、母子世帯の母親自身の平均年間収入は父子世帯の父親自身の平均年間収入の５割程度で推移している。このことから、子どもの貧困問題が、特に母子世帯で生み出されやすいことがわかる。

9) 母子世帯の母親の多くがワーキング・プアであり、２世帯に１世帯が相対的貧困状態にあることは、厚生労働省による「国民生活基礎調査」や「全国母子世帯等調査」など各種調査で明らかになっており、阿部彩（2008）、湯澤直美（2005）、藤原千沙（2005）などの先行研究でも指摘されている。また、「子どもの貧困」研究においても、貧困な児童の多くが母子世帯で育っていることが指摘されている。

10) 日本では魚住明代（2014：18-19）が、パリテーティッシュ福祉事業団と州都ミュンヘン市が協力して1963年に創設した"Haus für Mutter und Kind"の現状と課題を紹介している。

第1章

戦後母子寮が果たしてきた役割の変遷と
母子生活支援施設の今日的課題

はじめに

　母子生活支援施設は児童養護施設や乳児院と同じように、児童福祉法に定められた児童福祉施設のひとつである。しかし、その存在自体が福祉関係者にもあまり知られておらず、児童養護施設や乳児院に比べ施設が担っている役割・機能に対する認知度も低い。

　母子生活支援施設は、その前身である母子寮が戦災母子に対する戦後処理施策として整備・拡充されて以降、戦後70年以上経過した今日の母子生活支援施設に至るまで、多くの母子世帯を保護し支援するという重要な役割を担ってきた。その間、母子世帯の抱える生活問題も社会の変化とともに多様化し、現場では常にその時々に応じた支援が求められてきた。母子寮または母子生活支援施設に関する研究も、支援対象である入所母子世帯の質的変化や施設の運営に関する施策の変化、さらには母子世帯全般を対象とした政策の動向などに対応しながら展開されてきた。これら実践と研究の展開を分析し、歴史的な枠組みを設定した研究に副田あけみ（1985）と林千代（1992）のものがある。両者の研究は母子寮研究における歴史的な変遷をみるうえで重要な示唆を与えるものである。しかし、これら母子寮の歴史的な変遷に関する研究は1980年代で止まっており、その後の研究は途絶している。

そこで本章では、母子寮から母子生活支援施設に至る研究の歴史的な動向を明らかにするとともに、研究が示す転換点（画期）を検証し、そのうえで母子生活支援施設に関する研究と実践が対応すべき今日的課題を明らかにする。

第1節　母子寮の戦後のあゆみ

1．先行研究における時期区分

　母子寮の歴史的な研究としては、政策の変遷をもとに歴史的な枠組みを設定した副田あけみ（1985）の研究と、入所者の実態の変化から歴史的な枠組みを設定した林千代（1992）の研究がある。それぞれ異なる視点から分析しているものの、表1-1に示すとおりほぼ同時期に母子寮が大きな転換点を迎えていたことを明らかにしている。

　両者の研究をみていくと、1960年代の半ばに最初の大きな転換点を迎えていたことがわかる。副田あけみはこの時期までをさらに二分し、「戦後処理対策期（1945～1958年）」と「母子福祉対策の体系化期（1959～1964年）」としてとらえている。戦災母子対策として急増した母子寮の実働施設数は1959年にピークを迎えており、副田の指摘する「戦後処理対策期」はこの時期より「母子福祉対策の体系化期」へと移行した。児童扶養手当など母子世帯に対する各種制度が整備され、これまで母子寮に入所せざるを得なかった母子世帯の多くが、低水準ではありながらも何とか地域生活を維持できるような状態になった時期であった。一方で林千代は戦後の母子寮需要が供給を上回る実態のなかで、実践者や活動家が母子寮の拡充を訴え取り組んできた1945年から1965年までの戦後の20年間を「児童福祉施設としての出発」としてとらえている。戦後処理施策として公的責任によって母子寮が整備された時期であった。この20年の間に戦争によって夫と死別した母子世帯の児童は成人し、児童福祉法の対象から外れていったことにより、母子寮は所期の目的を

表1-1　母子寮の歴史的な枠組みに関する先行研究の時期区分

副田あけみ（1985）			林千代（1992）			
I 期（絶対的不足期）1945〜1948年	戦後処理対策期	一般貧困対策としての開始期	1945〜1965年	児童福祉施設としての出発	1945〜1947年	戦後処理の中で
II 期（増加期）1949〜1958年		未亡人対策としての展開期			1948〜1955年	消極的な母子寮対策
III 期（安定期）1959〜1964年	母子福祉対策の体系化期				1956〜1965年	入寮者の変化と母子寮の対応
IV 期（減少期）1965〜1977年	母子福祉対策安定期		1966〜1976年	入寮者の減少と新たな問題	1966〜1969年	入寮者の変化と開差是正
					1970〜1976年	深刻な生活問題に対処する母子寮機能の検討
V 期** （減少期）1978年〜	問題女子、緊急避難母子等にたいする対策検討期		1975年〜	「質的変化」と女性の貧困		

※各項目名はそれぞれの論文における節の見出しを引用している。
※※原文では「VI期」とされていたが、誤植と判断されることから本稿では「V期」と記した。
出典：武藤敦士（2015a：106）

達成したといえる。

　二度目の大きな転換点は1970年代の中旬から後半にかけてである。林千代は1970年代半ばに、副田あけみも1970年代後半をひとつの節目とみている。林（1992：77）が「入寮者の減少と新たな問題」の発生した時期としてとらえた1966年から1976年までの10年間に入寮者は減少し、同時に施設数も急減した。特に公設施設で定員を大きく下回る施設が増加し、定員充足率の低下が顕著になった。この時期より、全国的に入所母子が抱える様々な問題に対する専門的な支援の必要性が指摘されるようになり、その取り組みに関する議論が活発化した。

林が1970年代半ばを節目とした背景には、その後の母子寮の方向性を示唆する二つの大きな動きがあった。ひとつは、1975年に社会福祉法人全国社会福祉協議会・全国母子寮協議会が当時の母子寮が抱えていた課題の解決・改善と入所者の質的変化に対応するために、『母子寮生活指導のてびき』（以下、「てびき」という）を作成したことである。もうひとつは、1976年の副田義也・吉田恭爾による「母子世帯の質的変化に対応した新しい母子福祉施策に関する研究—母子寮の現状と今後の課題—」（昭和50年度厚生科学研究報告書、通称「副田レポート」）の発表である。「てびき」はその後の母子寮運営の指針となるものであり、「副田レポート」はその後の研究と実践に新たな課題を投げかけるものであった。この時期より母子寮の実践は母子世帯の質的変化にどう対応するかを重要な課題として、支援のあり方を模索していくこととなった。

　母子寮はその後、1997年の児童福祉法改正により母子生活支援施設となり今日に至るが、本節ではまず、その戦後のあゆみをみていきたい。

2．児童福祉施設としてのはじまり

　母子寮の沿革は「大正年代までさかのぼる」（社会部・社会法令課、1957：78）という。戦前、戦中は、救護法、母子保護法、軍事扶助法のもとでそれぞれの目的をもって運営されていたが、戦後旧生活保護法において宿所提供事業のひとつに位置づけられ、児童福祉法の制定とともに児童福祉施設のひとつに位置づけられるようになった[1]。

　母子寮は戦後、戦争によって出現した大量の母子世帯を保護するために、「母子福祉対策要綱」（1949年11月閣議決定）にもとづき、図1-1に示されているようにその数を飛躍的に伸ばしていった[2]。戦後直後の母子寮に関する代表的な実践者であり研究者でもあった牧野修二（1949a：38）は当時の状況を、「母子寮は比較的歴史が若いだけに施設数が少ないのに対し、戦没者未亡人を始め母子世帯は頗る多量だから、母子寮の新設増加は急を要するのである」（原文ママ）と伝えており、「官民共にどしどし母子寮を新設すべきで

14

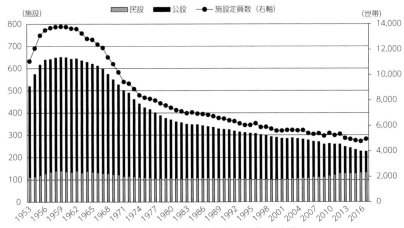

図1-1　実働施設数と施設定員数の変移
※『社会福祉統計年報』、『社会福祉施設等調査報告』より筆者作成。
※出典：武藤敦士（2015a：109）に一部加筆。

ある」と主張している。当時の母子寮の設置状況は小林彌八（1951：14）
が、「昭和二十五年二月現在における厚生省児童局の調査によれば、全国の
母子寮は二八七施設で、その中公立が一五〇ケ所である。逐年公立施設の増
設が著しく二十五年度において国庫補助を受けて新設されたものが更に、一
二七を施設を数えている」（原文ママ）と伝えるとおり、公設施設を中心に
整備されていったことが図1-1からもうかがえる。

3．施設数の減少と支援対象の変化

　戦後のひとり親世帯の変化をみると、図1-2のように1965年を境に「妻が
全ての子どもの親権を行う場合」の割合が、「夫が全ての子どもの親権を行
う場合」を逆転している。その後、離婚件数自体の増加とともに「妻が全て
の子どもの親権を行う場合」の件数が増加し、その割合も高まっている。今
日、離婚した子育て世帯の８割以上が母子世帯になっているが、その嚆矢が
この時期にあったといえる[3]。この時期すでに、戦争によって生み出された
母子世帯の児童はすべて成人期に達しており、母子寮は戦争によって生み出

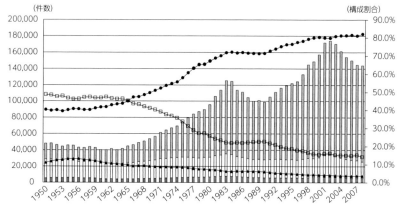

図1-2　親権を行う者別にみた離婚件数の変化

※「平成21年度　人口動態統計特殊報告」より筆者作成。
※出典：武藤敦士（2015a：108）

された多くの母子世帯を支援するという所期の目的を達成していた。戦争に
よって生み出された母子世帯の減少とともに母子寮数も図1-1のように減少
しており、それは特に公設施設で顕著であった。図1-3をみると、母子寮数
は1970年代の半ばまで急激に減少し、その後は漸減傾向に転じていることが
わかる。急減期においても民設施設は微減しているだけであり、施設数の減
少は公設施設の減少によってリードされていた。

　公設施設が減少した背景には、戦争によって生み出された母子世帯の生活
保障がかなりの程度国家の責任としてとらえられていたのに対し、離別・未
婚による母子世帯についてはそれを選択した母親の自己責任としてとらえる
風潮（母子世帯観）があったと考えられる[4]。それは、1970年代後半から
1980年代にかけての生別母子世帯の増加を背景として、日本の社会保障・社
会福祉が当時の「福祉見直し」という方針の転換により、母子世帯の母親に
対する所得保障を引き締め、就労による自助自立を強く求めていった経緯を
みると明らかである[5]。

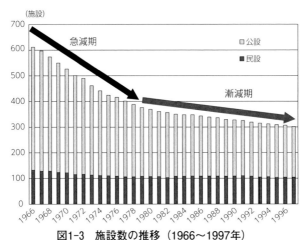

図1-3　施設数の推移（1966～1997年）
※『社会福祉施設等調査報告』より筆者作成。
※出典：武藤敦士（2015a：111）

4．公営施設の減少と民営化

　公設施設の減少について特別研究委員会報告（1979：29）は、このような状況に陥った原因を、「母子寮を戦後処理的な施設として理解していた設置主体の姿勢、対象者の実態及びニードの把握不足、施設整備の立ち遅れ等があり、また一方ではこのような流れに歯止めをかけることが出来なかった母子寮組織（大半が公立で占められていることによる）の弱さ等が考えられる」と指摘している。これからの母子寮のあり方委員会（1989：96-97）も公立母子寮の相次ぐ廃止について、「戦後、戦争未亡人や戦災母子、あるいは引揚母子を対象とした、いわゆる戦後処理的な発想から設置された母子寮が多く、それなりの役割は果たしてきたが、母子寮を単なる住宅提供施設としか理解していなかったことから母子寮の役割は終わったとする考え方が廃止の最も大きな原因」であり、「近年の母子世帯の福祉ニーズの多様化を考えるときに、一部の公立母子寮のように単なる住宅提供施設では対応できない」ことを指摘している。このような事情から、その後民営化を推し進める

提案が繰り返しおこなわれてきた。

　母子寮基本問題検討委員会（1985：73）は運営に課題を抱える施設設置者に対する提言のひとつとして、「改善に限界のある場合は、民間委託あるいは委譲を検討すべきである」としている。これからの母子寮のあり方委員会（1989：97）も、多様な福祉ニーズを抱える母子世帯を支援するために必要な条件整備が困難な場合は、「民間活力を導入し、民間施設としての創意工夫を活かした運営にゆだねるべきである」と、民営化の道を示唆している。山崎美貴子（1994：201）も、「児童福祉施設が有機的に連携しやすいシステムづくりを地域に適切に施設を配置していくためにも公設母子寮に対しては民間活力を導入し、創意工夫が可能な条件整備の検討を行うなど柔軟な対応が必要」であると主張している。

　全国母子寮協議会特別委員会報告（1994：105-106）は、「利用者の持つ生活問題が多様になり、公立施設の持つ支援体制では利用者のニーズに適応できなくなってきており、民間施設の職員の専門性や夜間の管理体制を含む24時間サービスが必要になってきている」ことを理由に、「運営形態の方向性として公立施設を児童福祉施設の経験のある社会福祉法人に委託することを積極的にすすめていくことが大切」であると指摘している。同時に、民営化により地域との交流が行われるようになった施設、定員充足率が向上した施設など、運営委託後の施設がそれなりの効果を上げていることも報告している。この考え方は児童福祉法改正によって施設名称が母子生活支援施設に変更された後も引き継がれ、厚生労働省が2002年3月に策定した「母子家庭等自立支援対策大綱」においても具体的施策のひとつとして、「公設民営方式による施設整備」の推進をあげている。

　このように、公設公営施設の運営に対する批判と民営化への方向づけが繰り返しおこなわれたことにより、図1-4のように、1979年以降公設施設全体の減少とともに残された公設施設の民営化が進んでいった。2010年には公設民営施設が公設公営施設を上回り（公設公営71施設、公設民営72施設）、2011年には逆転するようになった（公設公営65施設、公設民営71施設）。

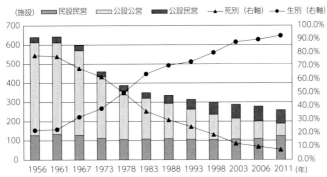

図1-4　実働施設数と母子世帯になった理由の変移

※『社会福祉施設等調査報告』、『全国母子世帯等調査』より筆者作成。
※年次は『全国母子世帯等調査』が行われた年による。
※母子世帯になった理由に関する1973年以前のデータについては、堺恵（2011）
　より引用。
※出典：武藤敦士（2015a：110）

5．施設数の減少と老朽化

　公設公営施設が減少していった背景には、母子寮を単なる住宅提供施設として理解する戦後処理的な発想があったことが繰り返し指摘されてきた。戦後数十年が経過し施設の老朽化が顕著になり施設内の生活環境がその時期の一般的な生活水準から乖離するにつれて、入所を希望する母子世帯は減少し、それにともない公設公営施設はその役割を終えていったと考えられる。

　図1-5をみると、多くの母子寮が1955年までに設立・認可されていたことがわかる。本体施設の建設年をみると、その多くが1966年以降に建て替えられている。建て替えの必要に迫られた背景には、戦後の施設急増期における建設事情があった。戦後、戦争によって生み出された母子世帯対策として緊急的に整備が進められた母子寮の多くは、「兵舎、工具宿舎、余裕住宅、貸席料亭等々を転用したものが多」く（牧野修二、1949a：40）、「旧軍隊からの払い下げ建物とか、軍需工場の寮などを転用したものが多く、しかも殆んどが木造」（秦恵美子、1967：40）という状況であった。「当時は建物不足、

19

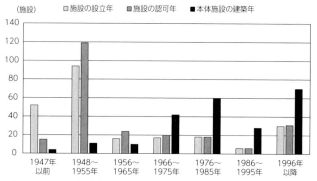

図1-5　母子生活支援施設の設立年、認可年、建築年の分布

※『平成26年度全国母子生活支援施設実態調査報告書』より筆者作成。
※「本体施設の建築年」は無回答の8ケースを除く。
※出典：武藤敦士（2016：163）

建築資材の不足と共に施設設置の立地条件等を勘案する余裕もなく、旧軍関係施設の転用、増改築、新設を急ぎ収容保護しなければならない状況であった」が、「当時の社会情勢の下では、そのような応急措置でも住む家のない母子家庭にとっては大きな恵みであり、社会的にも意義のあるものであった」（特別研究委員会報告、1979：21）という事情があげられる。そのような、「戦後の後始末的な要素を強くもっていた」（秦恵美子、1967：40）母子寮は、その後の高度経済成長と支援対象の変化を背景に、特に公設施設は民設施設に比べて脆弱な職員の配置や、定員の少ない小規模施設が多かったことから、「規模の小さい母子寮で、充足率が半分位で専任職員もほとんどいない施設なら、財政的には整理し再編成するほうがよいと考えるのは当然であろう」（林千代、1992：67）という指摘のように、多くの施設がこの時期、新改築されることなくその役割を終えていった。一方で、残された施設の多くはこの時期に建て替えられ今日に至っている。

6．定員充足率の低下と児童福祉施設最低基準

　1960年代以降、定員充足率の低下を背景として施設不要論が主張されるよ

うになった。副田義也・吉田恭爾（1976：71）は定員充足率低下の原因のひ
とつに、「建物の老朽化と居室の狭小さ、各種の設備、たとえば炊事場、ト
イレット、浴室などの設備の悪さ」をあげており、老朽化だけでなく各種設
備の劣悪な整備状況を指摘している。

　母子寮において最低限整備すべき居室や浴室、便所などの設置基準は、
1948年に制定された「児童福祉施設最低基準」（現在の「児童福祉施設の設
備及び運営に関する基準」、以下「最低基準」という）に定められた。この
最低基準は、「現日本の社会的、経済的、文化的且亦政治的諸状態から受け
る索制によるものであって、残念乍ら甘受しなければならない」という、
「極めて大まかであり、抽象的であり、現状妥協的」な水準であった（牧野
修二、1949a：38）。しかし牧野は最低基準の施行を、「児童福祉法の実施と
相俟って、先ず児童福祉施設に限りミニマム・スタンダードを規定したこと
は、賢明の措置と賞するに足る」と評価し、「此の基準令そのものも時の推
移と文化水準の向上と、客観的諸条件の好転に応じてより上位に改正される
に違いない」と期待を寄せていた（牧野修二、1949a：37-38）。ところが、
牧野が施行当時問題視した水準はその後、50年以上ほとんど変わることなく
維持され続けたのである。

　例えば居室（条文上は「母子室」）は戦後の混乱期、少しでも多くの世帯
を保護する必要があったため、居住水準を、「おおむね一人につき〇・七五
坪以上であること」（後に、「おおむね一人につき二・四七平方メートル以上
であること」という表記に改められた）としており、その基準は生活保護法
による最低生活基準と同等であった[6]。

　最低基準は施設に、「母子室、集会、学習等を行う室、炊事場、浴室及び
便所を設けること」を求めていたが、その規模は最低基準制定当時の最低生
活水準を反映したものであった。特に浴室に関する規定は、「付近に公衆浴
場等がないときは、浴室を設けること」という補完的なものであった。多く
の施設では必要に迫られて浴室が設置されたが、そのほとんどが共同浴室で
あった[7]。便所に関する規定も、「便所の数は、母子二十人につき一以上と

すること」と、共同便所が前提であった。「母子二十人につき一以上」という水準は、「朝、その前に列が続き、登校時にまでひびく事態さえ起きている話もあるくらいだ」（林千代、1992：27）という状態であった[8]。村田典子（1999：109）は全国母子寮協議会が1996年に行った調査から、「『お風呂』、『トイレ』に関しては、未だ多くの母子寮で共同利用されており、そのために使用方法や使用時間などの規則や掃除当番などの役割分担が設けられている。本調査でも、利用者にとってそれらが大きな心理的負担になっていること、規則や役割分担に対する個々の認識の違いが寮内家族のトラブルの原因になっていることが明らかになった」と述べている。そのうえで、「『お風呂』や『トイレ』に関しては各居室への設置」がなされるべきであり、各施設の事情を勘案したとしても、「段階的に改善していく努力を続けていく必要」があることを指摘している。

　このように、高度経済成長とともに国民の生活水準が向上し、それにともない母子寮の居住環境についても繰り返し改善が指摘されてきたにも関わらず、最低基準は2011年の改正まで50年以上ほとんど見直されることがなかった。居住環境の整備の遅れは定員充足率の低下として表れ、母子寮・母子生活支援施設が取り組むべき重要な課題のひとつとして扱われてきた。

　最低基準はその後、居室に関する基準は、1998年に養護老人ホーム、身体障害者更生施設の最低基準に合わせるかたちで、「おおむね一人につき三・三平方メートル以上」まで引き上げられ、2011年の改正によってようやく、「母子室の面積は、三十平方メートル以上」まで引き上げられた。便所や浴室についても制定当初の基準が長年適用されていたが、2011年の改正でようやく「母子室は、これに調理施設、浴室及び便所を設ける」と規定されるに至った。しかし、すでに多くの母子生活支援施設で国民の一般的な居住水準との隔たりが生じており、相当な劣等処遇状態に陥っていた。

第2節　入所母子世帯の質的変化と支援の課題

1. 母子寮に求められた"支援"

　児童福祉法制定当時の母子寮について林千代（1992：20-21）は、「スタートの時点で母子寮は、絶対的な住宅不足から母子家庭に対する住宅提供の施策として、さらにそれ以上に児童を不幸にしないため母子一体の下で授産、託児、精神面の援助をも行う施設としての性格づけがなされた」と指摘している。児童福祉法上の目的は「保護」であったが、それだけでなく、母子に対するさまざまな「支援」の根拠を児童福祉法の制定によって得たという見方である。

　母子寮における「支援」の必要性は、当時「保護」を目的に規模を拡大していく母子寮の運営実態に危機感を感じた牧野修二（1949a：40-41）によっても指摘されている。牧野は、「戦前は15世帯内外の母子寮が多かったが、戦時中は30世帯前後の寮が多く、戦後は百世帯、百五十世帯という母子寮も相当現出」していたことから、「単なる住宅供給の方針なら何百世帯でもよいが、母性補導という事になるとやたらに収容定員を多くするのは不適当」であり、「三十世帯位が標準的定員であるが、職員組織、運営機構、設備環境の調整がうまくゆくなら五十世帯位でもよいだろう」と指摘し、「単なる住宅提供という誤謬は絶対に許さるべきでない」と批判している。母子寮は単なる屋根対策ではなく、同時に「母性補導」として相談援助が必要になると認識されていたにもかかわらず、当時は多くの母子世帯が住むところを失い困窮していたことから、緊急的「保護」が優先され入所後の「支援」は後回しにされていた。

　社会部・社会法令課（1957：87）が、「母子寮に要請されるものは単なる住宅施設として止まることなく、母が自立更生出来るようにその生活に指導を与え、育児について母をたすけ、職業の選択などについて指導をする等、

生活の設計について援助と指導を行うための社会施設としての機能を充分に
果たすこと」と指摘したように、母子寮には今日の母子生活支援施設でいう
ところの世帯の経済的自立を目指した母親に対する就労支援、児童の福祉を
第一とした子育て支援などに通じる支援が求められていた。

2．入所母子世帯の質的変化

　母子寮に求められていた母親に対する就労支援や子育て支援について、あ
る時期以降、「入寮母子の質的変化は、従来の非専門的指導方法では如何と
もしがたい事態に至っている」（秦恵美子、1967：40）と、専門的な支援の
必要性を指摘する声が大きくなっていった。林千代（1992：38）は1956年以
降、「これまでとは異なった原因により、幼い子どもを育てなければならな
い世代の母親が母子ともども複雑化した問題をかかえて入ってくるきざしが
表れてきつつあった」と指摘しており、母子寮を利用する母子世帯の中心
が、病気や交通事故などによる死別母子世帯や離婚などによる生別母子世帯
へと転換し、「母子世帯の質的変化」にともなう新たな問題の発生が母子寮
関係者の主要な課題のひとつとなっていた。林千代（1992：35）は母子世帯
の質的変化について、「母子世帯のかかえる本質的な問題の所在は変わらな
いが、そうした意味の質ではなく、いわば入寮してくる母子の様相が従来と
は異なってきた」と指摘している。「いぜんとして母子家庭の貧困は残り、
その中でもとくに自立更生の難しい世帯が母子寮に入っていった」（林、
1992：46）時期であった。そのため林千代は1966年以降の母子寮の主要課題
として、母子世帯の質的変化への対応をあげている。

　母子世帯の質的変化について林千代（1992：35）は、「母子世帯となった
原因が離別、未婚の母などが増え、死別でも戦傷病死は減り、病死、事故死
に片寄りを示してきたこと、それから母の年齢の若年化傾向、そして当然の
ことながら子の年齢低下、乳幼児の増加などにより問題の幅が広がり、生活
意識が大きく変化してきたことを意味している」と説明している。林は母子
世帯の質的変化が昭和30年代（1956年〜）頃から表れてきたことを明らかに

しているが、それが顕著となるのは1970年代である。図1-4のとおり、1978年以降生別母子世帯の割合が死別母子世帯の割合を上回り、この時期を境に生別母子世帯が日本の母子世帯の典型となっていった。松原康雄（1999：13）が、「『母子寮入寮者の質的変化』は、70年代から指摘されてきたことである」と述べるとおり、扇沢真治（1973：33）や高橋正統（1974：45）、特別研究委員会報告（1979：21）も林千代（1992）とほぼ同様の見解を示しており、1970年代の母子寮研究の主要な課題であったことがわかる。母子世帯の質的変化は1970年代の論考で繰り返し指摘されているが、その内容をみる限り、実際には1950年代後半からすでに意識されており、1960年代には広く認識されていた。母子世帯の質的変化は、母子世帯が生み出される要因自体の変化を問題として取り上げるのではなく、入所世帯に占める未婚の母親や障害を抱える母子、若年母子の増加等にともなう支援困難ケースの増加を本質的な課題としてとらえていた。

3．質的変化と支援の視点

　母子世帯の質的変化により、専門的な支援が求められる典型的な支援困難ケースとしてあげられたのが、若年母子や未婚母子、心身に障害を持った母子などであった。

　特別研究委員会報告（1979：32）は若年母子について、「これらの若い母親は、子どもの基礎的なしつけはしようとしないし、それよりもむしろ育児能力に欠けた母親が目立って」おり、それが「子どもの人格形成に大きく影響している」と指摘している。また、若年の未婚母子について松本武子・鈴木伸子（1968：27）は、「最も援助指導を必要とし、児童の監護に欠ける母子世帯である」と指摘し、未婚母子は「より複雑でより援助を必要とするものであろうと思われる」ことから、「一般母子と同じく母子寮に事務的に措置されることには大いに問題がある」と述べている。心身に障害を持った母子については副田義也・吉田恭爾（1976：67）が、「母子家庭の全体からみればレア・ケースであるが」と前提したうえで、「重度の心身障害者である

母親、病弱であったり長期療養中の患者である母親など」には、「保育や家事サーヴィスの欠落の問題が生じる」と指摘している。林千代（1982：51）は心身に障害を持った母子はもはやレア・ケースではなくなっており、「心身双方あるいはどちらかに何らかの障害を有している」ケースは、「よりいっそう労働を通しての自立をはばみ、また男性との間の人間関係も性関係のみにとどまり、結果的には重荷を背負わなければならないという見通しや判断力を持てなくしている」と指摘している。

これら、母子世帯の質的変化で指摘された支援困難ケースをとらえる視点の多くは、母親に生活問題を引き起こす何らかの要因があることにより子の福祉の実現が困難であるというものであった。「母子家庭の場合、とくに母親としての適格性をうたがわれるような『問題母子』が入所している昨今、問題の多くはその母親にあることがほとんどである」（扇沢真治、1973：37）と指摘されるように、就労による経済的自立や日々の子どもの養育に課題を抱える母親は、これまで理想とされてきた母子世帯の母親像から逸脱した「問題者」としてとらえられる傾向にあったと考えられる。

4．質的変化と母子寮の役割

1960年代後半を転換点として、図1-2のように離婚件数と離婚による母子世帯の増加が顕著になっていった。同時に、母子世帯が抱える生活問題とその解決・改善のためのニーズの変化が指摘され、母子寮でも支援困難ケースの増加とともに、「母子世帯の世帯員はみな問題をもっているといってもよいので、母子寮には有能なソーシャル・ワーカーが必要である」（松本武子・鈴木伸子、1968：27-28）と、専門的な知識・技術をもった支援者による高度なソーシャルワークが求められてきた。松原康雄（1999：15）は、「全母協（全国母子寮協議会）が『児童は親＝母親と生活することが幸せ』というプリミティヴな考え方から、母と子という個々の人格を尊重し、母子生活支援施設がどのようなサービスを展開できるかを考えるべきであるとの見解を示した転換点」（括弧内筆者）が1970年頃にあったとみている。入所

世帯の質的変化は、換言すれば当事者とその家族が抱えるニーズの変化であり、また、多様化であったといえる。当事者と日々向き合う実践現場は、その変化に否応なく対応せざるを得なくなっていた。

特別研究委員会報告（1979：22-32）は「全国母子世帯調査」から、母子世帯の質的変化とともに、生別母子世帯になる原因が、「年毎に複雑で、深刻な様相を呈してきている」ことを指摘している。そのうえで、当時の母子世帯の生活状況について、①大半の母親が劣悪な労働条件のもとで働いている、②収入は一般的に低く、生計を維持することは非常に困難であり経済的にさまざまな不自由を余儀なくされている、③経済的基盤の弱い母子世帯にとって住宅の確保は困難である、④母子世帯になった原因に関係なく、いずれにしても何らかの形でそれらの母と子に精神的負担がかかっている、⑤母親は就労、家事、育児等家庭生活を維持するための一切の役割を一人で担わなければならないため、心身ともに疲労が重なり健康を害しやすい、これらの特徴をあげている。そして、このような母子世帯に対し、①母子家庭の精神的、経済的自立を援助する施設として、②母子家庭の児童の健全育成の場として、③母子家庭の自立に向けた安心で安全な生活の場として、母子寮は必要であると述べている。従来の屋根対策だけの母子寮や当時整備が進んでいた母子向けの公営住宅が、母子が抱える様々な生活問題に対応できていなかったことから、安心・安全な生活の場を提供するとともに、入所世帯の自立に向けた専門的な支援をおこなうことに母子寮の存在意義を見出していた。

5．母子寮に求められた機能と支援内容

全国母子寮協議会は特別研究委員会報告（1979：36-38）のなかで、母子寮は以下の六つの機能を備えるべきであるという具体的な提言をしている。

第1に、「これからの母子寮には、経済的問題よりも、むしろ性格的、精神的な面で複雑困難な問題をかかえたケースが増加することが予測される」ことから、「このような母子家庭の崩壊を防ぎ、健全な家庭をきずくために

積極的な指導援助が必要」であり、経済的自立の援助に先立って「精神的自立への指導援助を優先」した「精神面の補完的役割が最も重要である」ことから求められる、家庭生活の補完的、相談機関的援助機能。

第2に、「生活の維持に追われて子どもの教育やしつけをなおざりにしている母親、あるいは養育能力に欠けている母親にかわって、また父性の欠如を補うため」の、児童の健全育成のためのサービス機能。

第3に、「何らかの事情で住む家を失い、あるいは住居の定まらない母子家庭」に対して、「生活基盤と精神的安定感を与え、その自立を促進する上で重要な役割を果す」安心感のある住宅提供の機能。

第4に、「夫の暴力行為からの逃避、また性格の不一致等による別居、あるいは生活能力の欠如により家庭崩壊を招いた浮浪母子等緊急保護を求める母子」の増加に対応した緊急保護機能。

第5に、母子寮のもっている育児相談や児童相談の機能、保育室や集会室といった設備を地域に開放し、地域住民の福祉の向上を図るための、コミュニティ・センター的機能。

第6に、「自立退寮した母子、あるいは意に反して希望退寮した母子家庭」に対して、「その地域の民生委員や母子相談員と連絡をとりながら退寮後の指導援助をすすめていく」、退寮母子に対するアフターケア機能。

以上のように、母子世帯の質的変化にともない、「単に住宅提供や生活指導の機能だけではなく、地域社会のニードに対応するこのような機能」がこれからの母子寮には必要になってくると指摘している。これらの機能の多くは、複雑多様化する母子世帯の生活問題に対する専門的な支援をともなうものであり、母子寮にはその専門性が求められていた。そして、それぞれの機能に必要な専門的な支援の内容を表1-2のとおりとした。

副田義也・吉田恭爾（1976：67）は当時の入所母子について、「母親が家庭生活、社会生活にふさわしくないパーソナリティ、すなわち、生活習慣、生活意欲、価値意識などをもっているところに由来する問題」を抱えている場合、教育、相談、治療といった、「生活指導」が必要であると考えてい

表1-2　母子寮に求められる機能と支援の内容

	母子寮に求められる機能	求められる支援の内容
①	家庭生活の補完的、相談機関的援助機能	精神的自立への指導援助、就職指導等による経済的自立への援助
②	児童の健全育成のためのサービス機能	乳幼児保育、学童に対する生活指導、寮内保育、妊婦の保護、援助
③	安心感のある住宅提供の機能	母子のニードを満たす住環境の整備
④	緊急保護機能	受入体制の確立
⑤	コミュニティ・センター機能	地域に向けた育児相談、児童相談、保育室の利用、集会室等の利用、地域のカギッ子指導、母子寮で行う講習会等への参加呼びかけなど
⑥	退寮母子に対するアフターケア機能	退寮母子の精神的支柱となるアフターケア

※特別研究委員会報告（1979）より筆者作成。

る。この「生活指導」は今日的なソーシャルワークととらえることができる。表1-2の各機能に沿った支援の様々な場面でソーシャルワークは必要とされるが、特に、①、②、⑤、⑥において、ソーシャルワークが重要な役割を果たすであろう。入所中の相談援助だけでなく、退所後の母子や地域で生活する子育て世帯に対する専門的な支援においても、母子寮が持つソーシャルワーク機能の発揮は必須であった。母子寮は入所世帯の質的変化を契機として、その後の母子寮における支援のあり方を、処遇困難ケースに対する援助技術・方法重視へと転換させていった。今日に続くソーシャルワークを重視した研究と実践の嚆矢がこの時期にあったといえる。

第3節　母子生活支援施設の課題

1．母子生活支援施設と自立支援

　母子寮は1997年の児童福祉法改正によって母子生活支援施設へと名称が変更されるとともに、施設の役割に自立支援が加えられた。さらに、2004年の改正によってアフターケアが加えられ、今日に至っている。自立支援やアフ

ターケアは施設が取り組むべき支援の課題として、母子世帯の質的変化が指摘され始めて以降たびたび取り上げられてきた。施設職員のなかには、これまで自分たちが取り組んできた実践に、ようやく法的根拠が与えられたと感じた者もいたのではないだろうか。

　しかし、施設の役割に自立支援が加えられた背景には、当事者の経済的自立を前提とした自立支援策を展開しようとしていた社会福祉政策が存在していた。社会福祉基礎構造改革によって老人、障害者、児童など各分野・領域の施設やサービスに、明確な定義づけがされないまま「自立」概念が組み込まれ、政策的に押しつけられた自立支援が展開されていった。母子生活支援施設も他の児童福祉施設と同様、施設の役割に自立支援が組み込まれ、政策に誘導されるかたちで母子世帯の母親の就労による経済的自立を前提とした自立支援が今まで以上に展開されるようになった。

　母子生活支援施設についてはその後、2007年に全国母子生活支援施設協議会が自立支援やアフターケアを盛り込んだ「全国母子生活支援施設協議会倫理綱領」を策定した。このなかで自立支援は、「母と子の自立に向けた考えを尊重し、その歩みをともにしながら、母と子を支えることをめざします」としており、当事者を主体とした内容になっている。しかし、ここでも「自立」について明確な定義づけはおこなわれていない[9]。

　「全国母子生活支援施設協議会倫理綱領」はその後、社会福祉法人全国社会福祉協議会・全国母子生活支援施設協議会・私たちのめざす母子生活支援施設（ビジョン）策定特別委員会（2015）「私たちのめざす母子生活支援施設（ビジョン）報告書」（以下「ビジョン」という）の策定、2015年の生活困窮者自立支援制度の施行、2016年の児童福祉法改正等をふまえ、2017年5月に改正された。改正された倫理綱領においても自立支援の文言自体に変化はなかったが、全国社会福祉協議会・全国母子生活支援施設協議会が発表している「策定の経緯および各項目の内容と考え方について[10]」をみると、策定に際して募集したパブリックコメントにおいて、「『経済的自立』のみを持って『自立』とすることについては、必ずしもあてはまらないのではない

か」という意見が出されたことを受け、「利用者それぞれの自立のあり方と、それに向けた母子生活支援施設の自立支援のあり方を、『母と子の自立に向けた考えを尊重し』」としたことがわかる。

　未整理だった自立概念はこの改正された倫理綱領によって経済的自立だけではない概念であることが明らかとなったが、具体的な自立概念はこの時点においても未確立であり、各施設が共通した認識をもつに至ったわけではない。児童福祉法の改正によって母子生活支援施設に求められるようになったアフターケアについても、入所世帯の自立をどのように扱うのかが曖昧なままであったことから、その視点や方法の確立には至っていない。この点については第3章で詳述する。

2．定員充足率の低下と暫定定員

　母子生活支援施設が抱える課題の一つに、定員充足率の低下がある。図1-6のように、近年在所世帯（現員）数が減少しており、それにともなって定員充足率も低下している。暫定定員[11]が設定されている施設も増加しており、全体の47.5％にも上っている。特に、公設公営施設でその傾向は顕著であり、9割以上の施設で暫定定員が設定されている。暫定定員とは認可定員

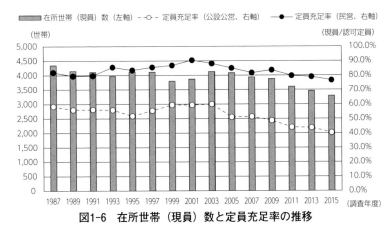

図1-6　在所世帯（現員）数と定員充足率の推移
※『平成28年度全国母子生活支援施設実態調査報告書』より筆者作成。

数と実際の措置世帯数（現員）の「開差」によって発生するものであり、厚生労働省が定めた算式によって算出された世帯数が認可定員数に満たない場合に設定される定員数のことである。暫定定員が設定されると年度当初から認可定員数に応じて支弁されていた措置費は、暫定定員数に応じて返還しなければならなくなり、施設運営に大きな影響を与える。

　この定員充足率の低下と暫定定員の問題は近年表れてきた現象ではなく、母子寮数が減少に転じて以降、常に取り組むべき主要課題として指摘されてきた事柄であった。特別研究委員会報告（1979：27）は、①母子寮を戦後処理的な施設として理解していた設置主体の姿勢、②対象者の実態及びニードの把握不足、③施設整備の立ち遅れ等、④施設の減少と定員充足率の低下に歯止めをかけることが出来なかった母子寮組織（大半が公立で占められていることによる）の弱さ、この四点を問題として取り上げていた。現在、①については、母子生活支援施設を戦後処理的な施設としてとらえている設置主体は皆無であろう。④についても、全国母子生活支援施設協議会はこの問題に熱心に取り組んでいる。そこでここでは、②の対象者の実態及びニードの把握不足と③の施設整備の立ち遅れ等について検証する。

　対象者の実態把握は母子世帯の質的変化に関して多くの研究者や実践者が指摘してきたように、母親のパーソナリティの問題として取り扱われることが多い。その結果、支援対象を「問題を抱えた母親とその子ども」としてとらえるのではなく、「問題のある母親とその子ども」としてとらえがちである。母親に問題があるため入所してきた世帯として支援対象をとらえてしまうと、母親の「～したい」というニードを充足する支援ではなく、問題のある母親を何とかすることによって施設退所を実現しようとすることが支援目標になってしまい、母親に「～させる」という当事者の主体性を欠く支援につながりかねない。自立支援と退所支援が同義として扱われることもある。支援の内容は、ともすれば「～しなさい」という指導的な関わりが多くなったり、「～しなければならない」という理想の母子像にあてはめた関わりとなる。このような状態になると、当事者である母親は「～させられている」

という状況に陥り、一刻も早く退所したいと考えるようになってしまう。母
親自身のニードが本来の「抱えている生活問題の解決」から「施設を出るこ
と」になってしまい、結果的に問題を積み残したまま退所することになる。
当事者や福祉事務所からすれば施設は何もしてくれなかったという不信感や
不満だけが残ってしまい、施設に対する信頼を欠くことにもなる。当然アフ
ターケアの要請はなく、その後の連絡も途絶えるであろう。このように、施
設機能や専門性への信頼を失うことは、入所者の早期退所や福祉事務所がお
こなう支援の選択肢から母子生活支援施設を外すなど、定員充足率の低下に
つながる結果となっていく。本来、ソーシャルワークでは当事者の「〜した
い」というニードが支援の中心に据えられ、その実現に向けた当事者の取り
組みを側面的に支援していくことが施設の役割になるはずである。そのため
に、施設職員は対象者の実態を正しく理解し、母子のニードを的確に把握す
る必要がある。

　施設整備の立ち遅れ等に関する最も大きな課題は、副田義也・吉田恭爾
（1976：71）が指摘した施設の老朽化と各種設備の劣悪な整備状況であろ
う。特別研究委員会報告（1979：28）でも「早急に老朽整備が求められてい
る」と指摘されているが、その後も「母子生活支援施設で確保されている居
住水準は、今日の社会の文化的水準に照らして、著しく低いといわざるを得
ない」（長谷川祥子・檜谷美恵子、2001：43）、「世帯員全員の生活の質を考
えると安定できる居住環境ではないのは明らかである」（小銭寿子、2003：
118）など、多くの研究者や実践者が早急な改善の必要性を繰り返し指摘し
ている。2011年に施設の最低基準が改正されて以降、新改築された一部の施
設では地域の集合住宅と同水準、もしくはそれ以上の住環境が整備されてい
るが、今もなお多くの老朽化した施設が稼働していることが定員充足率に影
響していることは否定できないところである。現在、母子生活支援施設への
入所は、措置ではなく母親と福祉事務所の契約に移行しているが、入所前に
施設を見学した結果、老朽化や居住水準の低さを理由に入所を見送るケース
や他の比較的新しい母子生活支援施設への入所を希望するケースも少なくな

い。入所したとしても、あまりの住環境の悪さになるべく早い退所を希望したり、入所に至ってしまった自分自身を責める母親もいる。入所者の安心で安全な生活を保障するだけでなく、老朽化した施設への入所にともなうスティグマの付与や自己肯定感の低下を防ぐためにも、住環境の改善は喫緊の課題である。

3．母子生活支援施設と社会的養護

　2000年代に入り、児童福祉分野では児童虐待の認知件数の増大を背景に、社会的養護について見直しが行われた。そのひとつの成果として、①家庭的養護の推進、②専門的ケアの充実、③自立支援の充実、④家族支援、地域支援の充実という明確な方向性をもってまとめあげられたものが、児童養護施設等の社会的養護の課題に関する検討委員会・社会保障審議会児童部会社会的養護専門委員会（2011）「社会的養護の課題と将来像」である。母子生活支援施設も図1-7のように、社会的養護における施設養護を担う施設のひとつに位置づけられている。しかし、「社会的養護の課題と将来像」が、できるだけ家庭的な環境で児童を養育することを目指し、家庭養護としての里親制度の利用促進や、児童養護施設等施設養護における生活単位の小規模化

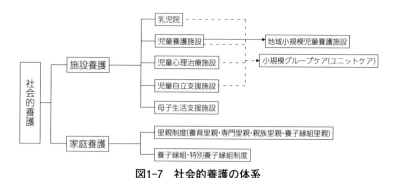

図1-7　社会的養護の体系

※今後目指すべき児童の社会的養護体制に関する構想検討会第1回今後目指すべき児童の社会的養護体制に関する構想検討会資料（平成19年2月2日開催）「資料6：社会的養護の概要と実施状況等」記載の「要保護児童の社会的養護システムの体系」図をもとに筆者作成。

（小ユニット化）を目標にしていることに対し、入所者がすでに家庭的な環境に置かれ、生活が世帯単位で独立している母子生活支援施設では、施設に求められる社会的養護の役割・機能に違いがみられる。

　全国母子生活支援施設協議会の大塩孝江副会長（当時）は、2011年1月28日に開催された「第1回児童養護施設等の社会的養護の課題に関する検討委員会」において、なぜ母子生活支援施設が社会的養護施設でなければならないのかについて見解を開陳している。そのなかで、「母子生活支援施設の現状と課題」（資料1-6（1））によると、母子生活支援施設は児童を虐待する親に対して、施設に入所することにより、世帯としての状態のままで24時間見守ることができ、親子関係の再構築を図ることが可能であるとしている。また、虐待等を理由に母子分離された世帯においても、施設を利用することで、「より安全で確実な親子の再統合」が実現できると述べている[12]。そのために必要な機能として、①さまざまな課題のある母子世帯の児童の適切な養育を保障し、権利を擁護する機能、②母子の親子関係を保障し、母子分離することなく母と子の育ちを支援する機能、③安定した生活基盤の形成や子どもの進学・就職を支援し、「貧困」「虐待」などの世代間連鎖を防止する機能、④地域の中の児童福祉施設としての母子生活支援施設の機能、以上4つの機能をあげている。これらは虐待や貧困の連鎖を断ち切り、または予防するための各種支援を児童や母親に対して行い、良好な母子関係の構築を支援して再び地域において安心で安全な暮らしを営めるようにすることを目的としている。

　大塩副会長は、2011年5月31日に開催された「第3回児童養護施設等の社会的養護の課題に関する検討委員会」で、母子生活支援施設を「究極の家庭的養護を支援している」施設であると表現している[13]。入所者がすでに世帯を形成していることを「家庭的」ととらえるならば、この表現は妥当であろう。しかし、すでに家庭的養護下にあるということを考えると、同じ社会的養護施設に位置づけられながらも、児童養護施設や乳児院とは施設の機能や役割が異なってくる。他の施設では支援対象である親子の再統合後の生活は

施設外で営まれるのに対し、母子生活支援施設では施設内で再統合の実現が可能である。母子生活支援施設は、「家庭的養護を家庭の中でしながら、それを施設職員が今度は社会的養護という立場でそれぞれにケアしていく[14]」施設であり、施設養護であるが家庭養護でもあるという二面性をもっている。

4. 社会的養護施設としてのあり方

　母子生活支援施設が社会的養護施設として機能していくために、どのような役割を担う必要があるか明らかにする必要がある。

　児童養護施設等の社会的養護の課題に関する検討委員会・社会保障審議会児童部会社会的養護専門委員会（2011：16）「社会的養護の課題と将来像」では母子生活支援施設に対し、以下の（a）～（e）の5つの支援機能の充実を求めている。

(a)　母に対する支援：関係機関と連携し、生活支援、子育て支援、就労支援をはじめ、総合的に自立を支援。DV 被害を受けた母親の心のケアや自己肯定感の回復を支援。また、適切な養育や教育を受けずに育ち、子育ての知識・体験の継承のないまま親となった母親への子育てスキルの獲得のための支援。

(b)　子どもに対する支援：DV 被害や虐待を受けた子どもに、関係機関と連携し、心のケアや、生活、学習の基盤を再構築。安心できる場で、安心できる「おとなモデル」を提供し、自己肯定感や大人への信頼の回復を通じ、暴力によらない人間関係の再構築を支援。

(c)　虐待の防止：児童虐待に至ってしまう親子関係へ危機介入し、母子分離をせずに、虐待を防止。施設で生活することにより、在宅家庭への訪問よりも、母子の生活実態に触れやすく、地域での見守りよりも、危機介入がしやすい。母親自身が子どもの頃に虐待を受けた経験がある場合も多く、母親の子どもの頃にも思いを至らせながら、母子関係の再構築を支援。

(d)　母子再統合の支援：虐待で親子分離となっていた場合に、母子生活支援施設で母と子の双方の支援を通じて、安全に再統合を支援。母子双方を支援することで親子関係を安定させ、「貧困」「虐待」の世代間連鎖を防止。

(e)　アフターケア、地域支援：退所した母子家庭や、地域で生活する母子家庭
に対し、ショートステイや相談の実施など支援を行う。

　これをみると、近年増加している DV 被害者や被虐待児への対応が相当意
識されていることがわかる。

　この「社会的養護の課題と将来像」の策定に至る社会的養護体制の構築過
程を検証した中島尚美（2015：11-14）は、「母子生活支援施設が社会的養護
施設として存立する要件」として、以下の四点をあげている。第一に、「『子
ども家庭福祉の本流』に位置した支援」である。中島はこれを、「子どもの
権利擁護の視点と、子どものみならず家庭を視野にいれた支援ができること
である」と説明している。第二に、「『予防的な視座』を重視した支援」であ
る。中島の指摘する「予防的な支援ができること」とは、DV 被害にあった
母親や虐待の被害者である児童の支援を通して、貧困や虐待が世代的に連鎖
することを予防する機能である。第三に、「『地域』を基盤とした支援」であ
る。これは、母子生活支援施設が展開する地域密着型の支援を指しており、
「母子生活支援施設の担う支援の根幹に地域を基盤とした視座が重要視され
ている」ことを指摘している。第四に、「『周産期からの切れ目のない』母と
子の育ちへの支援」である。子ども家庭福祉は児童とその保護者だけでなく
妊産婦も対象としていることから、母子生活支援施設が有する「母親を支え
ながら子どもの育ちを保障していくという、社会的養護の根幹に通底する支
援の専門性」を発揮することができるという指摘である。これら中島の指摘
する社会的養護施設としての存立要件は、先述の2011年1月28日に開催され
た「第1回児童養護施設等の社会的養護の課題に関する検討委員会」における
る大塩の見解とも符合する。

　児童福祉施設のなかでも母子生活支援施設だけが有する母親と児童をとも
に保護し支援する機能を、近年増加する DV 被害者や被虐待児の保護、回復
への支援に活用するとともに、母子の関係を調整し、または再統合すること
により、再び地域生活を送れるように支援していくことが求められている。
また、地域の社会資源と連携し、退所後の母子の地域生活を支援していくと

ともに、施設のもつ専門的な支援機能を地域で生活する母子世帯にも拡大することが期待されている。さらに、妊産婦を支援対象として明確に位置づけたことにより、母子保健施策が目的とする妊娠期からの児童虐待対策としての役割の一端を母子生活支援施設が担うこととなった。今後はこれらを具現化するために、各施設の先駆的な取り組みを共有し、その内容と方法を検討することによって、支援の体系化を図ることが求められている。

5. 母子生活支援施設がおこなう地域支援の課題

　「社会的養護の課題と将来像」が母子生活支援施設に求める支援機能や、中島尚美や大塩孝江の見解はどれも、母子生活支援施設に入所している母子だけでなく、退所後の母子や地域で生活する母子も支援対象としている。大塩は社会福祉法人全国社会福祉協議会・全国母子生活支援施設協議会が発行する『全母協通信』（No.138：7）で、在宅支援策として「在宅支援⇔母子生活支援施設入所⇔退所後の支援が連続したサイクルをつくる必要」を主張している[15]。インケアである入所中の支援だけでなく、アウトケアである在宅支援や退所後の支援は、自助の限界である施設入所に至る前の予防的支援にも位置づけられるであろう。これらは全く別のものではなく、母子生活支援施設に入所している母子も地域における生活者の一員であるということを前提に、支援のあり方は生活の連続性を意識して考えていくことが大切である。

　アフターケア、地域支援それぞれの対象、担当、内容を整理したものが図1-8である。アフターケアと地域支援はともに支援の対象を施設の外に求めるという共通性があるものの、支援対象や支援内容にはそれぞれ違いがある。そのうえで地域協働を、この両者を包含し、地域住民や各種社会資源と連携し、入所母子も含めた地域住民が安心で安全な地域生活を営むことを目指した地域社会づくりにまで視野を広げた概念として位置づけることができる。

　このアフターケア、地域支援のどちらにも有効な支援方法として、アウト

```
                        地域協働
     当事者や地域住民の組織化、ソーシャル・アクション、地域社会づくりなど
   ┌─────────────────┐  ┌──────────────────────┐
   │   アフターケア        │  │        地域支援              │
   │対象：退所した母子世帯   │  │対象：地域の子育て世帯（ひとり  │
   │担当：母子支援員       │  │　　　親世帯を含む）、        │
   │内容：退所後の支援計画の │  │　　　及び単身女性          │
   │　　作成、入所時からの │  │担当：施設長               │
   │　　一貫した支援の実 │  │内容：関係機関との連携、入所母子 │
   │　　施、退所母子の見守り、│  │　　と地域住民との交流の促進、 │
   │　　相談援助、施設行事 │  │　　施設行事への地域住民の招待、 │
   │　　への招待、アウト  │  │　　施設機能の地域への開放、子育 │
   │　　リーチなど      │  │　　て支援事業の実施、アウトリー │
   │                 │  │　　チなど               │
   └─────────────────┘  └──────────────────────┘
```

図1-8　アフターケア、地域支援、地域協働の関係

※出典：武藤敦士（2013：10）

リーチがあげられる。母子生活支援施設は戦後の母子寮時代から一貫して、入所している母子に対する支援を展開してきたため、施設内における支援に関する研究と実践には相当の積み重ねがある。一方で支援対象を施設外に求めるアウトリーチについては、それを意識した職員体制が整備されていないだけでなく、民生委員・児童委員等アウトリーチ機能を持った社会資源との連携強化も十分には図られていない。従来の支援の視点が施設内における支援に限定されていたため、今なお母子生活支援施設には地域に出て積極的に地域の福祉ニーズを掘り起こすような機能はほとんど備わっていない。

　アウトリーチは2015年に発表された「私たちのめざす母子生活支援施設（ビジョン）報告書」においてようやく、母子生活支援施設が備えるべき機能として明確に位置づけられた。「11　母子生活支援施設の近未来に向けて〜アウトリーチの拠点を目指して〜」として母子生活支援施設が今後どのように取り組んでいくべきか、ビジョンのなかで明文化されたことは評価できる。しかし、その内容を確認すると、「中期的にはインケアの充実を目指しつつ（母子生活支援施設の）社会的認知度を上げることと、長期的にはそれらを踏まえた上で、地域で暮らすひとり親家庭への支援に関するエビデンスの構築を行いつつ、アウトリーチの拠点となることが、ビジョンとしてのキーワードになるのではないかと考える」（括弧内筆者、ビジョン：21-22）

と結論づけられており、各施設が有効なアウトリーチを実施できるようになるまで、相当な期間を必要としていることがわかる。ビジョンにおける「地域で暮らすひとり親家庭への支援に関するエビデンスの構築」とは、エビデンス・ベースド・プラクティス（Evidence-based Plactice ＝ EBP（根拠にもとづく実践））に必要な「根拠」であり、ビジョンでは「地域のひとり親世帯のニーズの発見と気づきのシステム（地域で潜在化しているニーズを発掘）を構築すること」（ビジョン：23）であると述べられている。

　有効なアウトリーチの実施のために、まずインケアの充実から始めなければならないことが、今の母子生活支援施設が置かれている状況を端的に表している。しかし、ビジョンがアウトリーチは「インケアで培ったノウハウがあってこその展開」であり、「インケアが旧態依然で今日的利用者ニーズに合致していなければ、アウトリーチどころではない」（ビジョン：23）と指摘するように、インケアの質がアウトリーチの質を左右する以上、まずはインケアの充実が急がれる。

　そのためには、EBPにおける「根拠」を明確化する必要がある。『全母協通信』（No.140：15）では社会福祉の支援における「根拠」は「多くの要素からなり複雑であり、その『根拠』や『実証』はより多義的である」ことを前提に、「実践に配慮した調査研究やさまざまなカテゴリーの事例を系統的に収集し分析すること」により「根拠」を明らかにすることを求めている。入所世帯の実態を調査し、抱えている生活問題の本質を明らかにするとともに、現在行われている支援の効果を把握し分析することにより、母子生活支援施設に求められているインケア、アウトケアのあり方を考えていく必要がある。

６．母子生活支援施設研究における歴史的な枠組みと研究の課題

　施設が抱える定員充足率の低下や暫定定員の問題は、母子生活支援施設に対する当事者ニーズの低下ではなく、当事者ニーズに対する施設のハード・

表1-3　母子生活支援施設研究における時期区分

時期区分	特徴	内容	
1945～ 1965年	戦争末亡人対策とし ての母子寮の整備	公的責任による母子寮の整備・拡充とその終焉	
1966～ 1997年	実働施設の減少と支 援対象の質的変化	1966～1978年（急減期）	施設数の急減と生別母子世帯 の質的変化
		1979～1997年（漸減期）	民営化と「自立」支援
1998年～	母子寮から母子生活 支援施設への発展	母子生活支援施設としての基盤整備	

※武藤敦士（2015a）より筆者作成。

ソフトのミスマッチの問題である。施設整備にかかる課題、いわばハードの部分は、今後の新改築時に現在の一般的な生活水準を反映した住環境の整備が必須となる。むしろ、この問題の解決・改善はそこまで待つしかないであろう。

　一方でソフトの部分、母子世帯の質的変化に対する自立支援やアフターケアのあり方に関する部分は、早急に取り組める課題である。本章では副田あけみ（1985）と林千代（1992）の研究を手がかりに、各時代に何が母子寮、母子生活支援施設の研究と実践の課題にあげられていたのかを明らかにしてきた。そのうえで、支援対象である母子世帯の変化に着目しながら、母子寮が児童福祉施設のひとつに位置づけられて以降、今日の母子生活支援施設に続く歴史的な枠組みを整理したものが表1-3である。

　本研究では母子寮の最初の転換点を、副田あけみ（1985）や林千代（1992）と同様の1960年代半ばにおいた。この時期、母子寮は戦後処理の役割を終えるとともに、離婚によるひとり親世帯に占める父子世帯と母子世帯の割合が逆転し、今日のひとり親世帯の典型である生別母子世帯が増加する起点となった時期である。その影響は母子寮入所世帯にも表れており、この時期以降、母子寮研究では入所世帯の質的変化が指摘され始めた。

　次の転換点は1997年の児童福祉法改正の時期においた。施設名称が変更され自立支援が施設の役割として明確化された時期である。ただし、最初の転

換点から二度目の転換点の間にはひとつの節目があった。それが、母子世帯に占める死別世帯と生別世帯の割合が逆転した1978年である。この時期は、副田あけみ（1985）や林千代（1992）が二度目の大きな転換点とした時期とも符合しており、この時期より入所世帯の質的変化は母子寮全体の主要課題となっていった。

　1970年代に顕著になった入所世帯の質的変化は、施設における支援のあり方に大きな影響を及ぼした。母子寮時代に専門的な支援の必要性が研究と実践の場で繰り返し指摘され、それが母子生活支援施設になって以降に策定された「全国母子生活支援施設協議会倫理綱領」や「母子生活支援施設運営指針」に反映されている。しかし、母子生活支援施設になって以降、明確に求められるようになった自立支援やアフターケアの理論化、体系化に関する研究は、今もまだほとんど手がつけられていない。

おわりに

　本章では母子寮研究の展開と母子世帯の変化、施設数や運営形態の変化から、戦後の母子寮、母子生活支援施設の研究と実践が、二度の大きな転換点を迎えていたことを明らかにしてきた。一度目は母子寮が戦後処理対策という所期の目的を達成した時期であり、支援対象が死別母子世帯から生別母子世帯へと転換しはじめた1960年代の中盤である。その後、生別母子世帯のなかでも支援の困難な世帯の入所が指摘されはじめると、1970年代後半には母子世帯の典型が生別母子世帯へと転換し、入所世帯の質的変化にともなう専門的な支援（ソーシャルワーク）が求められるようになった。

　二度目の転換点は母子寮から母子生活支援施設へと名称が変更された1997年の児童福祉法改正である。この時期より母子生活支援施設における支援の理論化、体系化が求められるようになった。特に、児童福祉法の改正によって母子生活支援施設の役割・機能として明文化された自立支援とアフターケアに関する研究は、今後取り組むべき重要な課題である。

　自立支援やアフターケアのあり方を明確にするためには、入所世帯の実態分析は欠かせない。しかし近年、母子生活支援施設では DV 被害による入所世帯が増加しており、個人情報保護や二次被害防止の観点から積極的に調査に協力してくれる施設の確保が難しくなっている。さらに、分析に耐えうる信ぴょう性のあるデータを継続的に収集している施設の存在が明らかになっていないことが、この問題を難しくしている。その結果、支援対象である入所母子の実態調査は思うように進んでいない。そこで、次章では母子生活支援施設に入所している母子世帯の調査を通して、入所世帯の実態を明らかにしていきたい。

注釈

1)　社会部・社会法令課（1957：78）、松原康雄（1999：10-12）、福島三恵子（2000）など参照のこと。松原康雄（1999：11）の研究は、児童福祉法成立後も数年から十数年、生活保護法上の施設として機能していた母子寮の存在を指摘している。
2)　林千代（1992：22-3）によると、「毎年ほぼ五〇から六〇カ所、年度によっては九〇以上」増加していた。
3)　厚生労働省が実施している国民生活基礎調査の結果をみると、平成に入ってからひとり親世帯に占める母子世帯の割合は常に 8 割以上を占めており、近年は 9 割前後で推移している。
4)　さらにその背景には、林千代（1992：37）が「いぜんとして夫の死別で寡婦になった女は受け入れても、離別の女には社会的非難が隠然と存在しているので、離別には家族さえも背をむけざるを得ないところに問題の深刻さがあるのではないだろうか」と指摘する、日本社会のもつ歴史的な離婚観があると考えられる。
5)　詳しくは、武藤敦士（2015a：114-115）を参照のこと。
6)　実際には各世帯の人数に応じた面積の居室を準備することは困難であり、一定の畳数にする必要があった。牧野修二（1949b：57-58）は、「室の広さに段階を設けることは、実際に当たって破綻するから強要し難い」、「そこで何人でも六畳と、単一性でゆくのが無難だろう」と述べている。「後で室数を増やすことは出来るが、室の構造を増すことは（一室当りの坪数を）頗る困難だから」、「六畳が六畳として最大限に活用出来るよう工夫を」こらす必要性を指摘している。
7)　副田義也・吉田恭爾（1976：77）は1970年代中盤、当時すでに 7 割以上の国民が浴室のある住宅に住んでいたことに鑑みて、「全国の住宅事情からすれば、各世帯での浴室の専用化がはかられるべきであろうが、その実現については、現在の各母子寮の実状を

よくふまえ、いっそうの検討が要必とされよう」と指摘している。特別研究委員会報告（1979：48）も、「現在の住宅事情からみて、将来は各母子室毎に設置されることが望ましいが、母子寮の実態をふまえて考慮の必要がある」と、個別浴室を設置する必要性に言及している。しかし、この時期個別浴室の設置はあくまでも検討課題であった。

8)　この規定は最低基準制定時より、当時の保育所や養護施設の基準と照らし合わせて「些か粗略な感がある」と評価されていた（牧野修二、1949b：60）。副田義也・吉田恭爾（1976：77）においても、1970年代中盤、9割近くの国民が専用便所を使用していることや、夜間の子どもの付き添いや夜着の着替えのわずらわしさをあげ、「便所は各室専用設置としたい」と指摘されている。

9)　上田衛（2009：53）も同様に、「『自立』については、障害者福祉分野での議論も含めて、多くの定義が試みられてきた。しかし、いまだに一定の共通理解には至っていない。母子生活支援施設利用者の『自立』についても同様である」と指摘している。

10)　全国社会福祉協議会・全国母子生活支援施設協議会（http://zenbokyou.jp/ethic/development.html#01、2019.3.25）。

11)　社会福祉法人全国社会福祉協議会・全国母子生活支援施設協議会（2017：44）では、公設公営施設の91.2%、公設民営施設の62.9%、民設民営施設の28.0%で暫定定員が設定されている。暫定定員に関する詳細は、社会福祉法人全国社会福祉協議会・全国母子生活支援施設協議会暫定定員問題に関する検討委員会（2013）「母子生活支援施設における暫定定員問題に関する資料集」（http://www.zenbokyou.jp/outline/pdf/siryou_zanteimondai.pdf、2015.4.24）を参照のこと。

12)　厚生労働省（資料：http://www.mhlw.go.jp/stf/shingi/2r98520000011cpd-att/2r98520000011cqu.pdf、議事録：http://www.mhlw.go.jp/stf/shingi/2r98520000013azi.html、2014.2.10）。

13)　厚生労働省（議事録：http://www.mhlw.go.jp/stf/shingi/2r9852000001hjzh.html 2014.2.10）。

14)　2007年3月22日に開催された、厚生労働省雇用均等・児童家庭局による第5回「今後目指すべき児童の社会的養護体制に関する構想検討会」における、全国母子生活支援施設協議会兜森和夫副会長の発言。厚生労働省（議事録：http://www.mhlw.go.jp/shingi/2007/03/txt/s0322-2.txt）2014.6.18。

15)　社会福祉法人全国社会福祉協議会・全国母子生活支援施設協議会（2014：7）『全母協通信』（138）。

第2章

母子生活支援施設入所世帯の実態

はじめに

　母子生活支援施設は児童福祉施設であり、社会的養護の一端を担う入所施設である。児童だけでなくその保護者である母親もともに入所し、生活する施設である点に特徴がある。「児童福祉施設の設備及び運営に関する基準」には、「母子生活支援施設における生活支援は、母子を共に入所させる施設の特性を生かしつつ、親子関係の再構築等及び退所後の生活の安定が図られるよう、個々の母子の家庭生活及び稼働の状況に応じ、就労、家庭生活及び児童の養育に関する相談、助言及び指導並びに関係機関との連絡調整を行う等の支援により、その自立の促進を目的とし、かつ、その私生活を尊重して行わなければならない」と定められている。児童だけでなく母親も支援の対象となることから、同基準では母親を支援する母子支援員の配置も規定されている。

　母子生活支援施設には、様々な理由により地域で自立した生活が営めなくなった母子世帯が入所しているが、この母子世帯が世帯としての形態を維持できるかどうかは母親の状態によるところが大きい。実際に母親が抱える複雑な事情から、母子生活支援施設を経て母子分離され、児童が乳児院や児童

養護施設で生活するケースも存在する。第1章で明らかにしたように、ひとり親世帯の主流が生別母子世帯になって以降、支援現場において課題とされてきた母子世帯の質的変化は、これまで以上に専門的な支援を施設に求めることとなった。その支援の視点や方法、さらには支援の限界を見極めるためにも、支援対象となる入所母子世帯の実態を明らかにする必要がある。

　そこで、本章では世帯生活を支えることが期待される母親に焦点化し、母親の生活歴や入所に至る経緯、入所後の収入状況を把握することにより、入所世帯の母親の実態と支援の課題を明確にする。

第1節　全国母子生活支援施設協議会の調査からみた入所世帯の概況

1．主たる入所理由の推移

　社会福祉法人全国社会福祉協議会・全国母子生活支援施設協議会（2019：11）は、母子生活支援施設入所世帯の主たる入所理由を、「夫などの暴力」、「児童虐待」、「入所前の家庭環境の不適切」、「母親の心身の不安定」、「職業上の理由」、「住宅事情」、「経済事情」、「その他」の8項目に分類している[1]。入所世帯の内訳をみると、9割以上が「夫などの暴力」、「入所前の家庭環境の不適切」、「住宅事情」、「経済事情」の4項目で占められている。

　同調査は近年の特徴として、「『夫などの暴力』による入所（理由）が増加し、住宅事情・経済事情による入所（理由）が減少」していることを明らかにしている。10年前のデータと比較すると、「夫などの暴力」を主たる入所理由とする世帯が42.8％から55.6％に増加する一方で、「住宅事情」は22.7％から16.3％に、経済事情は16.9％から11.1％にそれぞれ減少している。「入所前の家庭環境の不適切」は8％から10％の範囲内で推移しており、ほぼ横ばい状態である。特に「夫などの暴力」による入所が2014（平成26）年度調査

以降5割を超えており、一貫して増加している。

　同調査では「夫などの暴力」による入所世帯の増加にともない、「心に大きな傷を抱えて入所される方が多いなか、より専門性を高めた支援が必要となっています」と指摘している。「夫などの暴力」によって入所した世帯に対する専門的な支援が、近年の母子生活支援施設における主要課題になっていることがうかがえる。このような当事者の変化に対応すべく、2011年には「児童福祉施設最低基準」（現在の「児童福祉施設の設備及び運営に関する基準」）の改正により、その第27条に「心理療法を行う必要があると認められる母子十人以上に心理療法を行う場合には、心理療法担当職員を置かなければならない」と心理療法担当職員の配置が義務づけられるなど、実態に応じた支援体制の整備が求められている。

2．障害のある母親の増加

　「夫などの暴力」によって入所する世帯の増加とともに、何らかの障害を抱えた母親も増加している。特に、図2-1に示すように精神障害のある母親の増加が顕著である。

　母親の疾患や障害は、入所後の子育てや就労において相当の配慮を要する。特に、「夫などの暴力」による被害から緊急的に避難してきた世帯においては、入所後に安全が確保され世帯の生活が落ち着きを取り戻すにつれて、徐々に母親の抱えている課題が明らかになることもある。これらの母親との関りでは、ラポール形成の段階から相当な時間を要するケースも多い。入所にともなう生活環境の変化など過度のストレスにさらされる母親への支援には高度な知識や技術が要求される。さらに、入所世帯が自らの生活を立て直し、再び地域で生活していくための基盤をつくるには、長期にわたる継続的な支援が必要である。

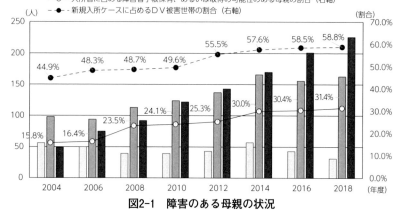

図2-1　障害のある母親の状況

※『平成28年度全国母子生活支援施設実態調査報告書』、『平成30年度基礎調査報告書』より筆者作成。

※障害者手帳を取得する可能性のある母親とは、手帳取得の可能性のある母親に加え、現に精神科等を受診している母親も含む。

3．生活保護受給世帯の増加と非正規化

　障害のある母親の増加と比例するかのように、生活保護を受給する世帯の割合も増加しており、近年では図2-2に示すように受給世帯の割合が非受給世帯の割合を上回るようになっている。また、就労している世帯数が減少傾向にあることも大きな特徴である。

　入所世帯の母親の非正規化も顕著であり、生活保護受給世帯増加の要因になっていると考えられる。厚生労働省（2017）「平成28年度全国ひとり親世帯等調査結果報告」では、就業している母親のうち、「正規の職員・従業員」などの正規雇用労働者が44.2％を占めると報告されている一方で、社会福祉法人全国社会福祉協議会・全国母子生活支援施設協議会（2019：123）では、入所世帯の母親のなかで就労している2,019人のうち正規雇用の母親

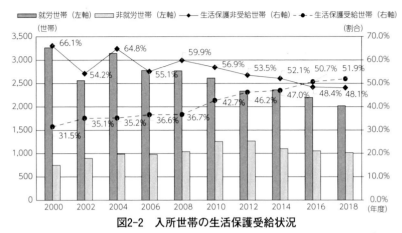

図2-2　入所世帯の生活保護受給状況

※『全国母子生活支援施設実態調査報告書（平成24年度、26年度、28年度）』、および『平成
　30年度基礎調査報告書』より筆者作成。

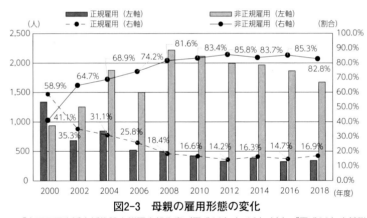

図2-3　母親の雇用形態の変化

※『全国母子生活支援施設実態調査報告書（平成20年度・28年度）』、『平成30年度基礎
　調査報告書』より筆者作成。

は16.9％にとどまることが報告されている。地域で生活する母子世帯の母親
に比べて母子生活支援施設に入所している母親は非正規化が進んでおり、図
2-3に示すように今や8割以上が非正規雇用労働者となっている。

　母子世帯の母親の雇用形態による収入の違いについて「平成28年度全国ひ

とり親世帯等調査結果報告」によると、「正規の職員・従業員」などの正規
雇用労働者の平均年間就労収入が305万円であるのに対し、「パート・アルバ
イト等」非正規雇用労働者の平均年間就労収入は133万円であることがわか
る。正規雇用労働者が44.2％を占めると報告している「平成28年度全国ひと
り親世帯等調査結果報告」では、母子世帯の年間収入における200万円未満
の割合は23.6％であるが、社会福祉法人全国社会福祉協議会・全国母子生活
支援施設協議会（2019：124）では、入所世帯2,522世帯[2]のうち年間収入200
万円未満の世帯が76.2％（1,921世帯）に達していると報告されている。地域
で生活する母子世帯と母子生活支援施設で生活する母子世帯とでは、母親の
就労という面で大きく性格が異なっていることがうかがえる。

４．入所期間の短期化

　近年、図2-4に示すように7割以上の世帯が3年以内に退所に至ってい
る。しかし、これはすべての問題を3年以内に解決して退所する世帯の増加
を示しているわけではない。

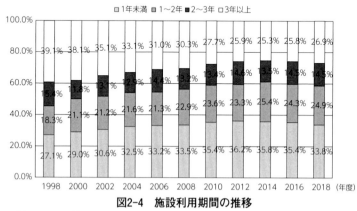

図2-4　施設利用期間の推移

※『全国母子生活支援施設実態調査報告書（平成20年度・28年度）』、『平成30年度基礎調
　査報告書』より筆者作成。
※数値は「無回答」を除いて算出し、小数点以下第2位を四捨五入したものである。

x

50

　多くの世帯が退所後も問題を抱えていることは、全国母子生活支援施設協議会の調査をみると明らかである。退所母子世帯の相談のなかでも「母親の就労課題」、「健康（精神保健含む）課題」、「子どもの進学・就労課題」、「子どもの行動課題等」の四項目の出現頻度は５割を超えている。その中でも「健康（精神保健含む）課題」は、2014（平成26）年度調査では71.4％、2016（平成28）年度調査では65.8％、2018（平成30）年度調査では73.3％と、高い確率で出現している。障害等健康問題を抱えて入所する母親の増加が反映された結果といえるだろう。

　上記四項目に次いで相談における出現頻度の高い「子どもの病気・障害等の課題」を加えた五項目の施設入所中と退所後の出現頻度を比べたものが図2-5である。これをみると、「母親の就労課題」や「健康（精神保健含む）課題」は入所中からの主要な相談課題であることがわかる。さらに、子どもに関する各項目は退所後の方が出現頻度が上がっている。子どもに関しては、施設退所後も子どもの成長とともに新たな問題が生じる可能性が高い。図2-5は入所期間の短期化が母親の就労課題や健康課題といった主要課題を十分に解決・改善していないことを示しているだけでなく、子どもに関する諸

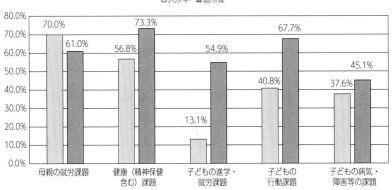

図2-5　相談課題の出現頻度の変化

※『平成30年度基礎調査報告書』より筆者作成。

課題など退所後に生じる新たな課題の存在を表しているといえる。

5．主たる退所理由の推移

　母子生活支援施設に入所している世帯の母親の特徴として、障害のある母親の増加とともに、生活保護受給世帯の増加や母親の就労の非正規化など、低所得に結びつく要因が明らかにされている。それは、施設を退所する際の理由にもあらわれている。

　図2-6をみると、「経済的自立」度が高まったことによる退所は、ここ10年以上にわたって全体の2割程度で推移しており変化はみられない（社会福祉法人全国社会福祉協議会・全国母子生活支援施設協議会、2017：116）。多少の増減はあるものの、退所を決定したとされる理由自体に大きな変化がないことがわかる。ここで唯一指摘できることは、図2-6の「その他」に2010（平成22）年度調査より集計が始まった「契約期間の満了」という項目が含まれていることである。その数値をみると、4.2%（2010）→7.0%（2012）→8.2%（2014）→7.2%（2016）とほぼ一定の割合を維持しており、施設の利用期間を福祉事務所があらかじめ定めて入所している世帯が相当数存在することがうかがえる。

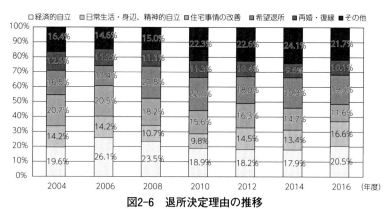

図2-6　退所決定理由の推移

※『全国母子生活支援施設実態調査報告書（平成24年度、28年度）』より筆者作成。

　最近の調査結果では、退所が本人の意向に沿っていたかという問いに対し、2016（平成28）年度調査では88.3％、2018（平成30）年度調査では88.0％の世帯が本人の意向に沿った退所であると報告されている。同様に、入所時に福祉事務所が提示した入所期限の見直し・更新の可能性について、2016（平成28）年度調査では87.9％、2018（平成30）年度調査では90.6％の世帯について見直し「可能」であったと報告されている。しかし、この点については施設の回答であり当事者からの回答ではないため、慎重に考慮する必要があろう。抱えている生活問題が解決・改善していないにも関わらず、施設との関係が悪化したことにより、「こんな施設からは一刻も早く退所して自由になりたい」という思いだけで退所に至ってしまったケースを、筆者は現場で何度もみてきた。福祉事務所からの度重なる退所要請に嫌気がさして、退所を決断した世帯もいた。これらは、事務手続的には当事者の意向に沿った退所に分類されるであろうが、本来の意味での自主的な退所ではない。残念ながらこれらのケースがどの程度含まれているのかは実際にすべての退所者に確認する必要があり、確認はほぼ不可能である。

第2節　入所世帯の母親が抱える生活問題

1．先行研究

　母子生活支援施設を利用する世帯の実態については、全国社会福祉協議会・全国母子生活支援施設協議会が2年に一度刊行している『全国母子生活支援施設実態調査報告書』が定期的に明らかにしている[3]。しかし、堺恵（2013）は『全国母子生活支援施設実態調査報告書』が入所に至った理由の中の「主な理由」しか取り上げていないことから、「入所する世帯の抱える問題はたった一つだけのようにみえてしまう」ことを指摘している。このように『全国母子生活支援施設実態調査報告書』の調査内容には限界があるこ

とから、先行研究においても各研究者がそれぞれの視点、問題意識から母子寮、母子生活支援施設に入所している世帯の実態を明らかにしてきた。

堀場純矢（2013）は母子生活支援施設職員に対するヒアリングを通して、「ほとんどの母親が低学歴で、不安定就労や無職が多く、深刻な健康・生活問題を抱えている」ことを明らかにしている。堀場は施設職員から、母親が「祖父母の代からの経済的な貧困がある」ことや、ほとんどの母親が過去の職歴も入所後の職業も不安定就労であることから、母親の所得は「生活保護基準と同等もしくは満たない世帯が多くを占めて」おり、「児童扶養手当や児童手当を併給して・・・（中略）・・・生活を維持している者が多い」ことなどを聞き取っている。

『全国母子生活支援施設実態調査報告書』の問題点を指摘した堺恵（2013）は、先行研究等を参照すると「入所する理由がたった一つだけとは考えにくい」ことから、母子生活支援施設が保管するケース記録の分析を通して14項目の入所理由を抽出している[4]。さらに、近年入所世帯の半数が「夫などの暴力」を理由に入所していることから、「『夫などの暴力』を理由に入所した世帯が、入所時に『夫などの暴力』以外の問題を抱えているのか否かについての分析」もおこなっている。その結果、母子生活支援施設に入所している母子世帯のほとんどが、「『夫などの暴力』という入所理由を核として、その他の付随する様々な生活課題を入所理由として持ち、母子生活支援施設に入所している」ことを明らかにしている。

このような研究は母子寮時代にも実施されている。入所世帯の質的変化を早い時期から指摘してきた林千代（1982）は、第21回全国母子研究協議会の別冊資料『母子寮ケース事例集』を用いて分析・検討した結果、母子寮に入寮している母子世帯の母親の貧困には、「生まれの貧困、夫の貧困、本人の零細な職業とその不安定さ、夫および男性の無知や無責任、それに、本人の不健康や障害が加わる」ことを明らかにしている。特に、「生育歴における貧困さは、それなりに能力を伸ばす教育や、環境をのり越える力を修得さ

せなかった。それらは、複合的に重なりあってとりわけ生別の母子家庭を形成したとみることができる」と指摘している。林が指摘する貧困問題や健康問題は、堀場純矢（2013）が明らかにした、「大学卒の学歴や看護師資格を保持している者を除き、ほとんどの母親が低学歴で資格もないため、不安定就労を余儀なくされている」ことに加え、「精神疾患、もしくはそのような傾向にある母親の入所が多く」なっているという母子生活支援施設になって以降の特徴と符合する。

　先行研究はいずれも、入所世帯の母親が複合的かつ重層的な問題を抱えていることを明らかにしている。しかし、入所に至るプロセスのなかで、母親の抱えるそれらの複合的かつ重層的な問題がどのように関連して母子世帯の生活に影響し、地域生活を営めなくしたのかについて明らかにしていない。そのため、本節では母子生活支援施設入所世帯の母親が入所に至るプロセスのなかで抱えていた生活問題と、それらの問題が施設入所にどのように影響したのかを分析する。

2．研究方法

1) 研究の目的
　本節では、生活保護を受給している母子世帯に対する面接調査から、特に離別母子世帯に、「生活困窮→家族崩壊→生活破壊→生活保護」という典型的なプロセスがあることを明らかにした大友信勝（2000）の研究方法を手がかりに、A 母子生活支援施設の協力のもと、施設が保管するケース記録の分析を通して、母子生活支援施設に入所するまでのプロセスにおける生活問題の諸相を明らかにしていく。

2) 調査方法、対象、期間
　本調査の方法については、ケース記録等既存の資料を用いるドキュメント分析を採用した。ドキュメント分析は、「個人的記録や公的記録という質的データの材料に着目し、それらを収集する技法」（永野武、2005：220-221）

であり、既存データの収集に加え、その記録について、「内容的に分析し、その中にあらわれた社会事象を、特定の観察者の目を通して理解する調査法」（岩永雅也、2001：35）である。ドキュメント分析は取得したデータによって質的・量的の両面からの分析が可能であるという利点がある[5]。また、DV等様々な問題を抱えて入所してきた母子に対して直接的な調査を行わずにデータを収集できるため、調査によって引き起こされる母親のフラッシュバックや生活史を振り返る中で起こる自己肯定感の低下など二次被害を防ぐことができる。

　調査対象は某特例市にある民設民営のA母子生活支援施設（定員30世帯）に入所している母子世帯28ケースと、2007年から2009年にかけてA母子生活支援施設を退所した全母子世帯30ケースの合計58ケースである。全て生別母子世帯であった。

　調査期間は2010年2月1日から2月19日までの内9日間、施設を訪問してケース記録から各世帯の入所に至るまでの情報を転記した。

3）倫理的配慮

　本調査・研究は、一般社団法人日本社会福祉学会の研究倫理指針にもとづいている。調査にあたっては、調査の趣旨と手法、研究以外の目的でデータを使用しないこと、研究のうえで個人が特定されることがないこと、収集した情報が外部に漏れることがないことを記した文書を作成したうえでA母子生活支援施設を事前に訪問し、調査に関する詳細な説明を行ったうえで協力を依頼し了承を得た。

4）分析に使用したデータ

　世帯の入所に至るまでの生活状況を記した記録は、ケースを管轄する各福祉事務所等行政機関が作成したものが中心であるが、自治体によって内容の質と量にばらつきがみられた。入所に至る記録の不備・不足は、「不明確な部分は対象理解に対する問題意識とその方法のちがいからくる」（林千代、1982：51）、「福祉事務所の担当職員に養護問題の階層性を捉える視点がな

い」（堀場純矢、2013：173）など、先行研究で指摘されてきた理由によると
考えられる。本調査においても十分な情報の得られない記録が存在したた
め、分析の際に対象となるデータが欠損しているケースはその都度分析対象
から外した。

3．母親の誕生から母子生活支援施設入所まで

　調査の結果、A母子生活支援施設入所世帯の主たる入所要因としては、
DVを理由にした入所が37ケース（63.8％）、「住居なし」が17ケース
（29.3％）、ネグレクトや母から子への暴力などの「不適切環境」が2ケース
（3.4％）、「若年母子」の生活困窮が2ケース（3.4％）と、四つに類型化する
ことができた。

　大友（2000：325-6）は、「生活困窮が家族崩壊に結びつくには経済的困難
だけでなく家族、特に夫婦間の人間的な信頼や愛情に亀裂が入ること」が大
きな要因であり、「単なる経済的困難だけではなく、人間としての生き方や
人格上の問題がマイナス面で作用したとき」に家族崩壊に結びつくと説明し
ている。今回の調査では、子どもの父親が特定できない「若年母子」ケース
以外、すべてのケースでDVや借金、不貞など家族崩壊につながる要因が存
在していた。

　「DV」ケースの場合、借金という経済的困難に加え暴力という直接的要因
により夫婦間の人間的な信頼や愛情に亀裂が入り、家族崩壊につながってい
た。

　「住居なし」ケースと「不適切環境」ケースの場合はどちらも図2-7に示す
家族崩壊要因によって離婚や離別につながり、その後にそれぞれの入所理由
が発生していた。両者は「住居なし」や「不適切環境」が直接の入所理由で
あるが、家族崩壊要因には借金や夫の不貞だけでなく、夫やパートナーから
のDV被害が存在したケースも複数みられた。

　「住居なし」ケースの場合、離婚・離別後の生活のなかで様々な生活困難

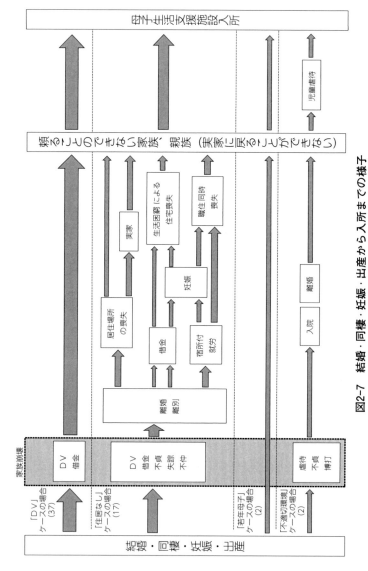

図2-7 結婚・同棲・妊娠・出産から入所までの様子

※矢印の大きさは、ケース数の多寡を表している。
※出典：武藤敦士（2015b：32）に一部加筆。

要因を抱えた結果、住む場所を失っていた。実家を頼ったにも関わらず、そこで実父母や継父からの暴力被害に遭ったケースや、離婚・離別後に出会った男性の子を妊娠し、または出産した結果、就労の継続が困難になり経済的困窮に陥り住居を失ったケースなどである。特に、今回の調査でみられた住居付きの就労は母子世帯に多く見られる特徴的な就労形態であり、妊娠等による職住同時喪失が生活困窮と直結していた。

「不適切環境」ケースは家族崩壊要因発生後、母親がうつ病など精神疾患によって入院していた。ひとり親世帯になったことに加え、精神疾患による日常生活上の困難が養育困難を引き起こし、児童虐待につながったと考えられる。

これらすべてのケースにおいて、その後家族や親族を頼ることができず自助の限界へと追い詰められ入所に至っていた。

さらに記録を遡ることにより、母親の誕生から結婚・同棲・妊娠・出産までの生活史も明らかにすることができた。

58ケースのうち、社会保障や教育のシステムが異なる国外で出生、成長した8ケースを除いてその生い立ちをたどったところ、母親の誕生から結婚・同棲・妊娠・出産に至るまでの経路は図2-8のとおりであった。自身も乳児院や児童養護施設など社会的養護を担う施設で育ってきた経験や、ひとり親世帯で育ってきた経験を有している母親であることが確認できた。両親の離婚を経験しているケースは17ケース（34.0%）あり、離婚後も安定した生活

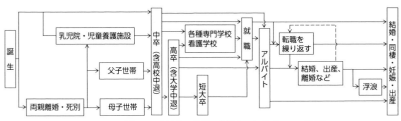

図2-8　誕生から結婚・同棲・妊娠・出産までの諸相

※出典：武藤敦士（2015b：34）

環境にあったと記録されているケースはひとつも存在しなかった。また、親に離婚歴のないケースのなかにも、親の借金等による生活困窮や被虐待ケースなど、幼少期から何らかの問題を抱えて育ってきたケースが多数確認された。

　義務教育終了後の進路をみると、中学校卒業（含高校中退）が27ケース（54.0％、内高校中退8ケース）、高校卒業（含大学中退）が15ケース（30.0％、内大学中退1ケース）となっており、半数の最終学歴が中学校卒業であるとともに、高卒者や高校中退者の多くが地域のいわゆる「底辺校」とよばれる高校に進学していた。幼少期から直面していた様々な問題や生活環境によって、本来身につけておくべき学力や生活習慣を獲得するに至らず、それが低学力、低学歴という結果として表れてきたといえる。入所している母親は総じて学力に問題を抱えていた可能性があり、それがその後の就労に大きく影響したと考えられる。実際に、初職が非正規雇用であった母親も多く、正規雇用であっても製造業等ブルーカラーと呼ばれる業種であり、その多くが数年後には退職し、アルバイト等非正規雇用労働者に変わっていた。

　初職が正規雇用であった母親の職歴をたどると、紡績工場の女工であった5ケースをはじめ、縫製工場、白物家電や自動車部品の製造工場などの単純労働者や、スーパーやコンビニエンスストアの店員等サービス業従事者が多くみられた。特徴的であったのは、スナック、キャバクラ、風俗など何らかの水商売を経験しているケースが58ケース中22ケース（37.9％）みられたことである。水商売は学歴・学力や資格のない女性が手っ取り早く日銭を稼ぐことができるだけでなく、即日入居可能な家具・家電が整った寮や勤務中の託児機能を有しているなど、地域で生活に困窮した母子世帯の母親を受け入れる仕組みを整えているところがある。このような仕組みを利用している母子世帯は、すでに生活困窮に陥っているにも関わらず潜在化している典型例といえるだろう。今回の調査対象ケースのなかにもこのような仕組みを利用

した結果、妊娠して働き続けられず追い出されたケースや、障害を抱えた子どもによる夜間の騒音により追い出されたケース、託児所での障害児対応が困難であり追い出されたケースなど、何らかの要因により問題が顕在化し施設入所に至ったケースが複数存在した。

４．重層化する母親の生活問題

　母親の生活史にみる主要な問題は、堀場純矢（2013）や堺恵（2013）が指摘する問題と同様の傾向がみられた。母親が抱えている問題を母親の誕生から母子生活支援施設入所に至るまで時系列に並べると、図2-9のように問題が徐々に重層化し、地域での生活を営めなくしていた。

　生活問題の根底にある貧困問題は、教育投資ができないという直接的要因だけでなく、親の失業や転職にともなって転居を繰り返すことにより落ち着いた学習環境を確保できないなど、様々な間接的要因により幼少期には低学力問題として表れていた。

　幼少期の低学力問題は母親の低学歴問題につながっていた。母親の多くが中学校卒業後に社会に出ているが、これは家計の補助的労働者としての側面だけでなく、学力面での問題も大きかったと考えられる。それは、高校進学者の多くが地域で「底辺校」と呼ばれている高校に進学していることからも推測できる。また、貧困問題が母親たちに早期の経済的自立を強いた可能性も指摘できる。例えば、紡績工場に就業した５ケースのうち４ケースは県外から紡績工場の寮に転入したもので、親元を離れて社会人としての生活を始めていた。

　母親たちの多くが若くして社会に出ているため、その一部では早婚化する傾向がみられた。その要因のひとつが予期せぬ妊娠・出産である。直近の配偶者との間で婚姻前に妊娠したり出産した経験のある母親は23ケース（39.7％）、過去の結婚歴において同様の経験のある５ケース（8.6％）も加えると28ケース（48.3％）と、半数近くが婚姻前の妊娠や出産を経験してお

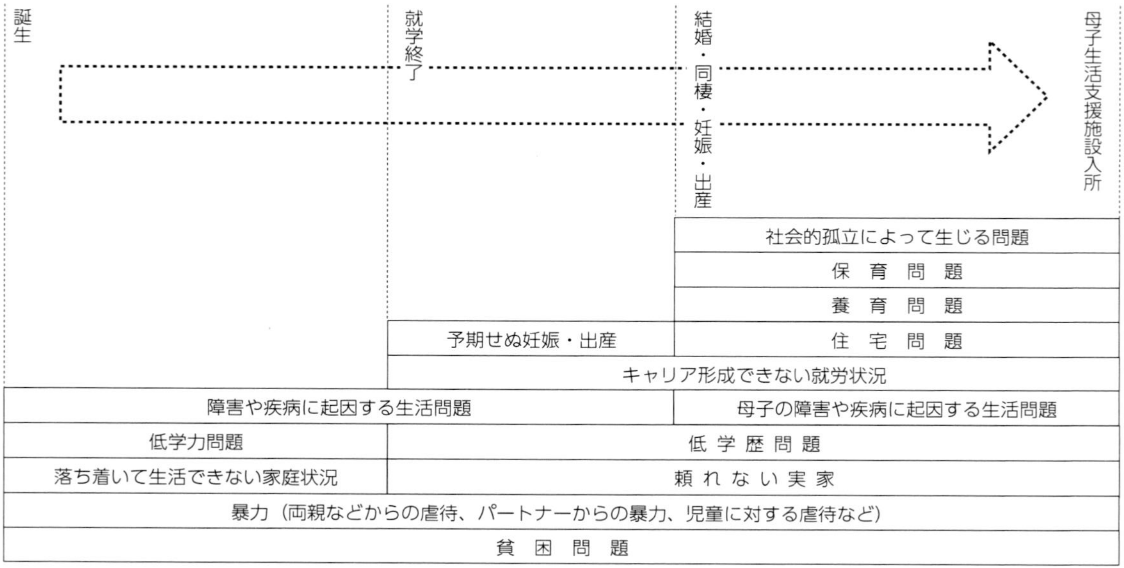

図2-9　母親の生活史にみる様々な生活問題

※出典：武藤敦士（2015b：35）に一部加筆。

誕生　就学・終了　結婚・同棲・妊娠・出産　母子生活支援施設入所

社会的孤立によって生じる問題
保育問題
養育問題
住宅問題
キャリア形成できない就労状況
母子の障害や疾病に起因する生活問題
予期せぬ妊娠・出産
低学歴問題
頼れない実家
障害や疾病に起因する生活問題
低学力問題
落ち着いて生活できない家庭状況
暴力（両親などからの虐待、パートナーからの暴力、児童に対する虐待など）
貧困問題

り、加えて非婚のまま出産したケースも12ケース（20.7％）あった。

　計画性のない妊娠や結婚により、生活基盤が整わないままスタートした夫婦生活は、当初より貧困問題を抱えていた。さらに、27ケース（46.6％）に離婚経験があることから、パートナーとの十分な信頼関係を構築できないまま世帯を形成したことは、家族崩壊につながる要因にもなったと考えられる。

　母親の心身の健康状態に問題のあるケースは22ケース（37.9％）、児童の心身の健康状態に問題のあるケースは15ケース（25.9％）21人であった。母子の健康や障害に起因して就労や居住に問題を抱える世帯が複数存在しており、そのような世帯の地域生活は一層困難なものとなっていた。

　世帯内の暴力問題も多数確認できた。母親以外への暴力が認められたケースは23ケース（39.7％）あり、その多くが児童への虐待であった。データが重複するが、夫等から子への虐待が17ケース、母親から子への虐待が6ケースあった他、子から母親、母親から母親の実母への暴力がそれぞれ1ケースあった。DV以外の理由により入所してきた21ケースのうち、母親の生育歴において面前DVを含む虐待経験が確認されたのは8ケースであった。また、21ケースのうち5ケースに児童への虐待が確認された。これらを含めると、何らかの暴力や虐待があった世帯は全体で45ケース（77.6％）にも上る。貧困問題と虐待問題に相関があることはすでに先行研究でも明らかにされているが、本調査でもその傾向は顕著であった。

　本調査ではどの世帯も図2-9に示す問題を複合的に抱えていた。抱えている問題が多いほど重度の生活困難に陥っており、それが長期化するほどそこからの脱出が困難になっていた。

　幼少期の貧困問題は成人期の貧困問題へとつながるだけでなく、そのうえに多くの生活問題を積み重ねる要因になっていた。幼少期からの過度の家事負担による学習機会の喪失、虐待等による愛着形成の不足や自己肯定感の低下、社会的孤立や男性への経済的、精神的依存とその結果としての予期せぬ

妊娠・出産など、母親の幼少期における貧困問題はその後の様々な生活問題と密接に関係しながら、母親たちを生活困窮状態へと追い詰め、最終的に母子生活支援施設に入所せざるを得ない状況を生み出していた。堺恵（2013）は入所世帯の多くが住宅問題を抱えていることを指摘していたが、本調査においても DV 被害からの逃避や離婚・離別を契機とした住居の喪失と、新しい住居を確保するために必要な収入の不足が特徴的であった。母子生活支援施設はこれらの問題に対してまずは安心で安全な住居を提供し、そのうえで入所世帯が抱える様々な生活問題の解決・改善を支援する、いわば問題が起こってからの対症療法的対策の場であることが確認できた。

第3節　入所世帯の母親の収入状況

1．先行研究

　母子世帯の所得変動については、湯澤直美・藤原千沙・石田浩（2012）が地方自治体の児童扶養手当受給資格者に関するデータをもとに、所得変動と職業移動について検証した研究がある。そこでは児童扶養手当受給資格者の約 8 割が生活保護基準未満の推定年収しかないこと、就労収入の水準は低位であり、母親の就労収入のみで住宅費や教育費を含めた生活費すべてをまかなうことが極めて困難な世帯が多数存在すること、より低位な階層ほど上昇移動が困難であり、より強い固定性がみられることなどを明らかにしている。母子生活支援施設にはその特性上、湯澤らが指摘する「より低位な階層」が多く入所していると思われる。実際、母子生活支援施設に入所している母子世帯の多くが貧困問題を抱えていることは、すでにいくつかの先行研究でも明らかにされている。

　一方で、母子生活支援施設入所世帯の入所中の所得変動を明らかにする調査は、これまで実施されたことがない。分析に耐えうる信ぴょう性のある

データを継続的に収集している施設の存在自体が明らかにされていないことに加え、近年ではDV被害による入所世帯の増加を背景に、個人情報保護や二次被害防止の観点から積極的に調査に協力してくれる施設の確保が難しくなっている。特に、入所世帯の母親の月々の収入金額の把握については、職員が急に思い立って始められるものではない。なぜならば、入所世帯の母親にとって毎月の収入金額を職員に申告するということは、知られたくない自らの生活を開示する行為にあたり、提供したデータを施設職員が自分たちの支援のために有効に活用してくれるという信頼関係が成り立っていなければ、その実現は難しい。実際に、世帯収入の把握をおこなっていない施設や、年に数回の把握にとどまっている施設も多い。そのような状況のなかで、入所世帯と合意のもとに毎月の収入金額を把握している施設もあるが、あくまでも個別支援に役立てるための情報収集であり、外部に公表するようなものではなかったため、これまでそのデータが研究の俎上に載せられることはなかった。

　しかし、阿部彩（2008：135-7）が、「母子世帯の生活苦は、母子世帯となってからの年数がたつにつれて軽減するものではない」ばかりか、「時間がたつとともに、苦しくなる可能性も充分にある」と指摘しているように、その収入状況の変化を明らかにすることは、母子生活支援施設に関する実践と研究に必要なだけでなく、日本の母子世帯支援にも重要な示唆を与えるものとなる。厚生労働省（2017）「平成28年度全国ひとり親世帯等調査結果報告」をみると、母子世帯になってからの期間が5年未満の世帯と5年以上の世帯の平均年間収入は同水準であり差がみられない。このような特徴をもつ母子世帯が、専門的、集中的な支援が展開されている母子生活支援施設において、どの程度収入状況に改善がみられるのか、どの程度就労自立が達成できているのかを把握することは、母子世帯支援全般に関する実践と研究にとって重要な意味をもつと考える。

2．研究方法

1）研究の目的

　日本政府の母子世帯対策は近年、母親の就労を支援することによって世帯の経済的自立（就労自立）を促進するワークフェア政策として展開されている。母子生活支援施設においても、国の政策に対応するかたちで就労支援を強化したり、利用期間に上限を設けて就労自立を促す施設が相当数存在している。施設のサイトに利用期間の目途を明記したり、施設入所時の誓約書の遵守事項に利用期間（退所時期）を明記している施設もある。入所事務を司る行政機関においても、明確な期間設定をしている自治体がある[6]。これら利用期間を定めている行政機関や施設の多くは、通常2年もしくは3年を利用期限としている。

　今回、幸運にもB母子生活支援施設の協力のもと、入所世帯の収入の変動について知ることができた。そこで、本節では母子生活支援施設における専門的、集中的な支援が母親の収入にどの程度効果をあげているのかを、世帯収入の変化とその水準から明らかにし、行政機関や施設が定める2年もしくは3年といった母子生活支援施設の利用期間の上限が果たして実態に即したものであるのかを検証する。

2）調査方法、対象、期間

　DV等様々な問題を抱えて母子生活支援施設に入所してきた母子世帯の母親に対して、本調査が二次被害になることのないように配慮し、直接的な調査を行わずにデータを収集することが可能なドキュメント分析の手法を採用した。調査はB母子生活支援施設を訪問し個人が特定されないように配慮しつつ、入所世帯の母親が毎月の収入を記載して提出している台帳から分析に必要な情報を転記した。

　調査対象は、2010年代に民設民営のB母子生活支援施設（定員30世帯）を利用した母子世帯のうち、調査対象期間とした5年間に入所し退所に至っ

た17世帯と、3 年以上在籍した 5 世帯の合計22ケースである。全て生別母子
世帯であった。入所から退所までの変化をみるために、施設利用期間が 1 年
に満たないケースは除外してある。また、本研究の趣旨に鑑み、3 年以上在
籍した 5 世帯については入所時から36ヶ月分のみを分析対象とした。なお、
調査時期及び調査対象とした 5 年間の各世帯の詳細、および入所理由や児童
の性別、母親や児童の年齢等に関しては個人が特定される可能性があるとい
う理由から、B 母子生活支援施設と相談のうえ本研究では記載しないことに
した。

3) 倫理的配慮

　本調査・研究は、一般社団法人日本社会福祉学会の研究倫理指針、高田短
期大学研究倫理規程および高田短期大学介護福祉研究センター倫理規程にも
とづいておこなった。調査・研究にあたっては B 母子生活支援施設を訪問
し、調査の趣旨と手法、研究以外の目的でデータを使用しないこと、研究の
うえで施設や個人が特定されることがないこと、収集した情報が外部に漏れ
ることがないことなどに関する説明をおこなうとともに、調査・研究の目
的、意義、方法、倫理的配慮及び個人情報の保護、研究結果の公表方法など
に関する詳細を定めた覚書を締結した。

4) 分析に使用したデータ

　本研究では B 母子生活支援施設利用世帯の毎月の収入を、①就労収入、
②訓練等給付金、失業給付、③児童扶養手当等社会手当、④生活保護費、⑤
婚姻費用[7]（以下、「婚費」と略す）、養育費等、⑥家族・親族からの支援の
6 項目に分けて集計した。収集したデータは入所世帯の母親の自己申告にも
とづくものであるため、申告漏れや記載ミスがある可能性は否めない。ただ
し、就労収入や社会手当、生活保護費などに関しては施設職員による確認が
おこなわれているため、その信ぴょう性は高いと考えられる。

3．母親の収入状況

　本調査によって明らかとなった各世帯の収入状況は表2-1のとおりである。全国的には近年、図2-2のように入所世帯の半数が生活保護を受給して

表2-1　各世帯の収入状況

ケース	世帯構成	世帯人員	平均収入（円／月）	在所期間	収入の内訳						計（総収入）
					①就労収入	②訓練等給付金、失業給付	③児童扶養手当等社会手当	④生活保護費	⑤婚費・養育費等	⑥家族・親族からの支援	
1	母+小+小+小	4	291,427	30ケ月	16.5%		25.6%	57.9%			100.0%
2	母+小+小+幼	4	234,292	28ケ月	21.7%		37.5%		40.8%		100.0%
3	母+小+小+幼	4	298,567	27ケ月	5.9%		23.7%	61.5%	8.9%		100.0%
4	母+中+小	3	237,835	22ケ月	1.1%		21.9%	76.9%		0.1%	100.0%
5	母+小+小	3	223,217	20ケ月	7.5%		25.8%	66.6%			100.0%
6	母+小+幼→小	3	227,818	18ケ月	13.1%	4.9%	12.5%	34.7%	34.8%		100.0%
7	母+小+幼	3	209,388	17ケ月			9.8%	90.2%			100.0%
8	母+幼	2	124,070	36ケ月（継続）			46.2%		53.5%	0.3%	100.0%
9	母+幼	2	164,889	36ケ月（継続）	58.2%		33.5%		6.6%	1.7%	100.0%
10	母+幼	2	163,494	36ケ月（継続）	59.1%		38.1%		2.5%	0.3%	100.0%
11	母+幼	2	165,828	36ケ月（継続）	5.0%		29.8%	65.1%		0.1%	100.0%
12	母+幼	2	168,074	36ケ月（継続）	30.2%		30.4%	14.2%	25.3%		100.0%
13	母+幼→小	2	146,467	36ケ月	3.6%	6.8%	18.8%	19.4%	51.3%		100.0%
14	母+幼	2	190,518	28ケ月	14.4%	15.7%	22.2%		45.7%	1.9%	100.0%
15	母+幼	2	159,741	28ケ月			34.1%	65.9%			100.0%
16	母+幼	2	155,394	28ケ月	31.9%		40.2%		23.0%	4.9%	100.0%
17	母+小	2	166,853	27ケ月	8.8%	6.7%	14.3%	70.2%			100.0%
18	母+小	2	185,206	26ケ月	12.0%		29.5%	58.1%	0.4%		100.0%
19	母+乳→幼	2	159,702	23ケ月	5.9%		32.5%	61.6%			100.0%
20	母+幼	2	180,428	22ケ月	7.8%	9.1%	25.7%		57.4%		100.0%
21	母+中	2	145,791	21ケ月			7.8%	92.2%			100.0%
22	母+幼	2	157,529	19ケ月			30.2%	69.8%			100.0%

母：母親、幼：幼児、小：小学生、中：中学生、乳→幼：入所中に乳児から幼児に成長、幼→小：入所中に幼児から小学生に成長。
※出典：武藤敦士（2018：29）に一部加筆。

いることが明らかになっているが、Ｂ母子生活支援施設ではそれを上回る22世帯中15世帯（68.2％）が生活保護を受給していた。特に、給付水準が高くなる多子世帯ほど受給率が高かった。その一因として、Ｂ母子生活支援施設の所在している地域が最低生活基準の高い生活保護１級地－１であるという地域性が影響しているのではないかと考えられる[8]。

　一方で、生活保護を受給していない７世帯の収入をみると、「①就労収入」、「③児童扶養手当等社会手当」、「⑤婚費、養育費等」の３項目を中心に構成されていることがわかる。このうち４ケース（ケース２、８、14、20）は婚費・養育費等の割合が最も高くなっており、世帯収入の４～５割を占めている。この４ケースに共通してみられる特徴として、毎月８～10万円の養育費を確実に受け取っていることがあげられるが、これはＢ母子生活支援施設が弁護士等と連携して専門的な支援を展開していることのほかに、そもそも相手方の男性に負担能力があったことが大きいと考えられる。夫の貧困問題が、入所世帯の婚費・養育費の受け取りやその金額に大きく影響することは改めていうまでもない。

４．就労収入の状況

　本調査で就労収入が確認できたのは22ケース中17ケースである。そのうち、半年以上継続的に就労していたのはわずかに７ケース（退所４ケース、継続入所３ケース）のみであった。この７ケースのなかで、退所まで半年以上継続して就労していた４ケース（ケース１、２、14、16）を抽出して収入の変動をグラフ化したものが図2-10である。ケース16が唯一、就労収入の増加によって退所を決断したケースである。その他の３ケースにおいては就労を継続することによる就労収入の増加はみられず、むしろ就労が継続されたケースでは４～８万円の低い範囲内で推移していることがわかる。退所の理由も経済的自立ではなく、行政機関が独自に定めた施設利用期間の満了によるものや、公営住宅の当選によるものであった。そのため、退所と同時に退

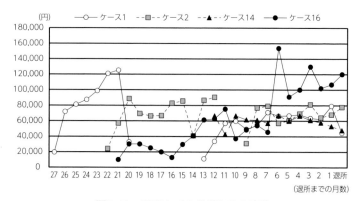

図2-10　退所までの就労収入の変化

※ケース１、ケース２の途切れている部分は、退職・転職した期間である。

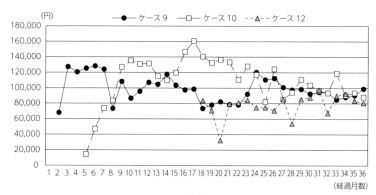

図2-11　就労収入の変化

職、転職するケースもみられた。

　図2-11は36ヶ月以上継続して入所している世帯のうち、長期の就労が確認できた３ケースの36ヶ月目までの就労収入の変化である。

　これをみると、入所期間が長期に及ぶほど就労収入が増加するのではなく、むしろ８～10万円のところへ収斂していくのがわかる。社会福祉法人全国社会福祉協議会・全国母子生活支援施設協議会（2015：127）は、非正規雇用の母親の就労収入（月収）の割合として、５～10万円の母親がもっとも

多く、常に全体の 5 割程度で推移していることを明らかにしている。今回の
調査では母親の雇用形態が明らかではないが、非正規雇用であると仮定した
場合、図2-11に示す 8 〜10万円への収斂は入所世帯の全国的な傾向と合致す
る。

　以上のように、専門的、集中的な支援を展開しているはずの母子生活支援
施設においても、入所世帯の母親が比較的長期間就労するケースはそれほど
多くはない。さらに、継続して就労したとしても、その収入は右肩上がりに
増加していくものでも、高水準で維持されるものでもないことがわかる。

　就労収入だけで経済的に自立することが困難な状況のなかで、「⑤婚費・
養育費等」を受け取っていない場合、もしくは受け取っていても不十分な場
合、不足する生活費は「③児童扶養手当等社会手当」によって補完されるこ
とになる。ただし、その給付額には上限があり、満額受け取ったとしても不
足する場合がある。したがって、最終的には「④生活保護費」に頼らざるを
得なくなる。7 割近い世帯が生活保護を受給している現状こそが、入所世帯
の生活困窮を表象している。さらに、生活保護を受給していない世帯の多く
が受給している世帯と同水準かそれ以下にとどまっていることから、受給し
ていない世帯の生活も相当困窮していることがわかる。

　以上のことから、行政機関や施設が定める 2 年もしくは 3 年といった利用
期間内に、公的扶助や社会手当に頼ることなく地域で生活していく経済的基
盤を整えることは非常に困難であることが明らかになった。むしろ、利用期
間が短期化傾向にある現在の母子生活支援施設では、多くの世帯が抱えてい
る生活問題の解決・改善を先送りしたまま退所に至っている可能性が高い。
特に、諸問題の根底にある貧困問題を残したまま退所するということは、地
域生活における生活困窮とその先にある貧困の世代的再生産に大きな負の影
響を与えることとなる。

第4節　入所世帯の収入の水準

1．入所世帯の最低生活水準

　入所世帯の収入の水準を知るために、Ｂ母子生活支援施設における22ケースのうち、最もサンプル数の多い母と子１人で構成される二人世帯15ケースを抽出し、各世帯の収入額と生活保護における最低生活費、および就学援助の対象となる所得基準額との比較をおこなった。比較にはＢ母子生活支援施設が所在する自治体が例示している生活保護における母子二人世帯の最低生活費（月額）、および就学援助の対象となる二人世帯の所得基準額（年額）を月割りした額を用いた。

　生活保護を受給していない世帯が生活保護を受給している世帯と同水準の生活を営もうとした場合、生活にかかる諸費用は生活保護の最低生活費を上回る。その水準は、「被保護世帯に認められている医療・介護扶助の適用、住民税控除や各種特典サービス給付、収入認定から控除されている勤労控除等などを考慮した場合、保護基準の1.2〜1.4倍程度の収入は消費水準の面から被保護世帯の最低生活費とほぼ同等になると考えられる」（桜井啓太・中村又一、2011：74）と指摘されている。就学援助制度はこの水準と近似する基準を適用している子育て世帯を対象とした制度であり、学校教育法を根拠としている。生活保護法第６条第２項に規定する要保護者だけでなく、市町村教育委員会が生活保護法第６条第２項に規定する要保護者に準ずる程度に困窮していると認める者（準要保護者）も支援の対象としている[9]。この準要保護者の認定基準として生活保護の基準額に一定の係数を乗じた額を適用している自治体は半数を超えており、そのなかでも1.2〜1.3倍程度の水準を採用している自治体が多い[10]。生活保護を受給していない子育て世帯の最低生活水準を各自治体がどのようにとらえているか推測する際の参考になる制

度である。本研究でもこの就学援助の対象となる所得基準額を生活保護を受給していない世帯の最低生活水準とみなし、援用した。

　B母子生活支援施設が所在する自治体の2018年の生活保護基準、および就学援助の認定基準はそれぞれ以下のとおりである。

●生活保護の最低生活費・・・母子二人世帯（母30歳、子9歳）
　生活扶助（147,420円）＋教育扶助（4,840円）＝152,260円（月額）
●就学援助の対象となる所得基準額（二人世帯）
　2,465,000円／12ヶ月＝205,417円（月額、生活保護の最低生活費と比べると、その1.35倍に相当する）

　実際の調査対象には教育扶助や就学援助の対象とならない母親と幼児で構成される世帯が多数含まれているが、近い将来対象となることが予測されるため、本調査では教育扶助を含めた生活保護の最低生活費を生活保護を受給している世帯の最低生活水準、就学援助の対象となる所得基準額を生活保護を受給していない世帯の最低生活水準とみなすことにした。なお、母子生活支援施設では生活保護世帯や住民税非課税世帯など低所得世帯に施設利用料は発生しないため、今回の比較では生活保護における住宅扶助費を除いた最低生活費の額を判定に用いた。

2．最低生活水準と入所世帯の収入の水準

　各世帯の収入額をそれぞれの基準額と比較したものが表2-2である。これをみると、生活保護を受給している世帯も、実際には母子の年齢等による給付額の差や就労収入の控除などにより全く同一の金額とはならないが、多くの世帯が生活保護における最低生活費と同水準であることがわかる。一方で、受給していない世帯の収入額についても、生活保護を受給している世帯と同水準であり大きな違いはみられない。その結果、生活保護を受給してい

表2-2　二人世帯の収入状況

ケース	世帯構成	世帯人員	在所期間	生活保護受給	平均収入（円／月）	生活保護の最低生活費（152,260円）を1とした場合の収入の割合	就学援助の対象となる所得基準額（205,417円）を1とした場合の収入の割合
8	母+幼	2	36ヶ月（継続）	無	124,070	0.81	0.60
9	母+幼	2	36ヶ月（継続）	無	164,889	1.08	0.80
10	母+幼	2	36ヶ月（継続）	無	163,494	1.07	0.80
11	母+幼	2	36ヶ月（継続）	有	165,828	1.09	0.81
12	母+幼	2	36ヶ月（継続）	有	168,074	1.10	0.82
13	母+幼→小	2	36ヶ月	有	146,467	0.96	0.71
14	母+幼	2	28ヶ月	無	190,518	1.25	0.93
15	母+幼	2	28ヶ月	有	159,741	1.05	0.78
16	母+幼	2	28ヶ月	無	155,394	1.02	0.76
17	母+小	2	27ヶ月	有	166,853	1.10	0.81
18	母+小	2	26ヶ月	有	185,206	1.22	0.90
19	母+乳→幼	2	23ヶ月	有	159,702	1.05	0.78
20	母+幼	2	22ヶ月	無	180,428	1.18	0.88
21	母+中	2	21ヶ月	有	145,791	0.96	0.71
22	母+幼	2	19ヶ月	有	157,529	1.03	0.77

※収入の割合は小数点以下第三位を四捨五入した数値である。

ない世帯すべてが就学援助の対象となる所得基準額を下回っている。これは、生活保護を受給していない世帯の生活水準が、生活保護で保障されている健康で文化的な最低限度の生活水準を下回っていることを表している。生活保護を受給している世帯の最低生活が制度によって保障される一方で、生活保護を受給していない世帯の生活は、専門職を配置し専門的、集中的な支援を展開しているはずの母子生活支援施設においても、就労収入をはじめ婚費・養育費や社会手当を加味してもなお非常に低い水準にとどまっていることがわかる。

３．入所世帯の収入の水準からみる支援のあり方

　生活保護を受給している世帯や住民税非課税世帯など低所得世帯が母子生活支援施設を利用している間は、施設利用料が発生することはない。しかし、施設を退所し地域で生活する際には、実家に戻ったり復縁や再婚をしない限り、母親はその収入から家賃を負担することになる。生活保護を受給している世帯の家賃が住宅扶助で保障されるのに対し、生活保護を受給していない世帯は現在の収入からさらに月々の家賃を負担していかなくてはならない。生活保護を受給している世帯が退所後も現在と同水準の生活が保障されるのに対し、生活保護を受給していない世帯は家賃の発生によって更なる生活困窮に追い込まれることになる。

　Ｂ母子生活支援施設が所在する地域で適用される生活保護の住宅扶助費は、今回のモデルケースの場合44,000円を上限としている。生活保護を受給している世帯が同地域に退所した場合、地域における最低生活水準の額は以下のとおりとなる。

●退所後の地域における生活保護の最低生活費・・・母子二人世帯（母30歳、子９歳）
　生活扶助（147,420円）＋教育扶助（4,840円）＋住宅扶助の上限額（44,000円）＝196,260円（月額）

　今回は表2-2で比較対象とした二人世帯のなかで一定期間継続して就労していた世帯が５世帯あったため、この５世帯の就労していた期間の収入だけを抽出し、生活保護を受給している世帯の地域における最低生活費（196,260円）と、さらに各世帯の就労収入に基礎控除を適用した場合の金額を算出し、表2-3に示すとおり比較した。なお、ケース12は入所当初は生活保護を受給していたが、離婚成立にともなう慰謝料の受け取りによって生活保護の

表2-3　生活保護を受給していない二人世帯の地域における最低生活水準との比較

ケース	世帯構成	世帯人員	継続して就労していた期間	継続して就労していた期間の生活保護受給	継続して就労していた期間の平均収入（円／月）	継続して就労していた期間の平均就労収入（円／月）	適用される基礎控除額（円／月）	生活保護を受給している世帯の地域における最低生活水準の額（196,260円）を1とした場合の収入の割合	生活保護を受給している世帯の地域における最低生活水準の額に基礎控除を適用した額を1とした場合の収入の割合
9	母＋幼	2	35ヶ月	無	166,115	95,987	23,200	0.85	0.76
10	母＋幼	2	32ヶ月	無	173,426	108,674	24,400	0.88	0.79
12	母＋幼	2	19ヶ月	無	175,987	77,746	21,200	0.90	0.81
14	母＋幼	2	13ヶ月	無	197,135	59,240	19,600	1.00	0.91
16	母＋幼	2	22ヶ月	無	140,947	63,055	20,000	0.72	0.65

※収入の割合は小数点以下第三位を四捨五入した数値である。

対象から外れたため、その後は生活保護を受給せず継続して就労していた。

　表2-3をみると、生活保護を受給せずに就労している母親が現状の就労形態のまま退所した場合、ワーキング・プアに陥ることがよくわかる。この状態から脱却するには、賃金の高い職業に転職するか、育児にかかる時間を削ってダブルワーク、トリプルワークをするしかない。資格や学歴のない母親にとって、前者の実現は相当困難であろう。

　B母子生活支援施設が所在する地域では、母親の就労や子どもの通学に際して利便性の高い公営住宅の競争率は高く、希望に沿った利用がままならない状況にある。生活保護を受給していない世帯が退所後公営住宅を利用しない場合、当該地域の住宅事情から勘案すると、生活保護の住宅扶助費の上限額と同水準かそれ以上の家賃負担が発生する民間の賃貸住宅を利用する可能性が高い。幸運にも希望する公営住宅に退所できたとしても、所得に応じた家賃は発生するため、生活困窮の度合いが緩和されるだけで施設利用時以上に生活に困窮することに変わりはない。

　母子生活支援施設では専門職を配置し、専門的、集中的な支援を展開しているが、本調査では入所世帯の収入の水準は生活保護における最低生活水準

と同等、もしくはそれ以下であることがわかった。就労収入によって経済的に自立可能な状態に至ることは極めて困難であり、生活保護を受給せずに退所した場合、さらなる生活困窮が待ち受けている。以上のことから考えると、施設における就労支援には限界があると言わざるを得ない。就労支援は母親に対する支援のひとつであるが、それによって容易に経済的に自立できるわけではないことから、就労支援を母親に対する支援の中心に位置づけてもその効果は極めて限定的である。今回の調査結果からは、むしろ可能な限り生活保護の受給促進によって世帯の最低生活を保障し、そのうえで就労可能な母親に対して個別状況に配慮しつつ、よりよい就労への支援を展開していくことが必要であると考えられる。

4．収入の水準からみる就労支援の限界

　湯澤直美・藤原千沙・石田浩（2012：107）は地域で生活する母子世帯について、「児童扶養手当受給資格者の所得は（調査対象の）5～6割が固定的であり、5年というスパンのなかで充分な所得の上昇が見込まれる層は限られている」（括弧内筆者）ことを確認している。今回、専門的、集中的な支援が展開されているであろう母子生活支援施設入所世帯を対象とした調査でも、母親の就労による収入の上昇は極めて困難な状況であった。「児童福祉施設の設備及び運営に関する基準」は、「退所後の生活の安定が図られる」ことを母子生活支援施設における生活支援の目的のひとつに位置づけており、その手段に「個々の母子の家庭生活及び稼働の状況に応じ」た就労支援をあげているが、今回の調査結果はその就労支援の限界を明らかにするものとなった。

　母子生活支援施設における就労支援の限界は、職員の力量や専門性の問題ではなく、第一義的には母子世帯の母親が女性労働者として参加する労働市場の問題であると考えられる。施設がどれほど専門的、集中的な支援を展開しても、雇用・労働政策による女性労働者を取り巻く環境の改善がなけれ

ば、施設がおこなうソーシャルワークの効果は限定的なものとならざるを得ない。現在の社会的背景のなかで母子世帯の母親に短期間で就労による経済的自立を求めるような働きかけをおこなうことは、実態に沿わない支援であるというだけでなく、状況によっては当事者である母親を過度に追い詰めてしまうことにもなりかねない。

おわりに

　母子生活支援施設に入所している世帯の母親の多くは幼少期より様々な課題を抱えており、それが今日の生活困窮につながっていた。さらに、家族、親族などインフォーマルな社会資源に乏しく、学歴や資格の取得だけでなく、日常の基本的な生活習慣の獲得機会にも恵まれなかった母親が多数存在し、どの世帯も複合的な問題を抱えていた。これらの母親のほとんどが、施設入所後、専門的、集中的な支援を受けたとしても、就労による経済的自立は困難であり、児童扶養手当等社会手当を受給してもなお、最低生活水準に満たない状況にあった。

　母親の幼少期の貧困が今日の生活困窮に結びついているように、今日の生活困窮が子どもたちの将来の貧困に結びつく可能性は高い。このような貧困の世代的再生産を防ぐためにも、児童福祉施設としての母子生活支援施設に関する研究や実践の意義・役割は大きいといえる。本章で明らかにしてきたとおり、入所世帯の収入は施設が実施する専門的、集中的な支援を受けてもなお低い水準にとどまっていることから、今日の母子生活支援施設に求められる自立支援が、少なくとも就労による経済的な自立支援と同義でないことは明らかである。母親の経済的自立が困難となる社会的背景に対する理解を各母子生活支援施設が共有したうえで、生活保護の受給をはじめとする最低生活保障を前提とした自立支援のあり方を考え、その視点や方法を共有していくことが今後の実践と研究の課題である。これは、近年増加する精神障害

等何らかの健康問題を抱える母親に対する自立支援としても有効なものとなりえるであろう。

　第 3 章では母子世帯の母親の経済的自立を阻む社会的背景を明らかにしたうえで、今日の母子生活支援施設に求められる自立支援における「自立」をどのようにとらえるのかを再考し、当事者を主体とした自立支援のあり方を考えていきたい。

注釈

1)　調査対象は2018年 4 月 1 日現在稼働中の221施設（回答施設数213、回収率96.4％）である。

2)　無回答（537世帯）を除く。

3)　社会福祉法人全国社会福祉協議会・全国母子生活支援施設協議会は 2 年に一度、『全国母子生活支援施設実態調査報告書』を刊行していたが、「調査項目の多さから回答施設の負担が重く、制度施策委員会において精査・検討を重ね」た結果、「ここ 5 回（10年間）の数字を比べると、それほどの変化も見られ」なかったことから、「全母協の経費削減の方向性からも考え、結論として 4 年に一度の実施とする」ことにしたと、『平成30年度基礎調査報告書』の「はじめに」で、全国母子生活支援施設協議会の菅田賢治会長が明らかにしている。

4)　堺の抽出した14項目とは、住宅事情、夫などの暴力、経済事情、入所前の家庭内環境の不適切、その他の家庭内暴力、身体障害者手帳保有、療育手帳保有、精神障害者手帳保有、精神科受診、外国籍、児童虐待、10代の母、児童の不登校、子育て不安である。

5)　ティム・メイ（2005：284）は、ドキュメントを、真偽、信憑性、代表性、意味の面から考察した結果、「これらさまざまな視角を考慮すれば、ドキュメント分析に量的と質的の両方のやり方があるとわかっても、驚かないだろう」と述べている。

6)　例えば東京都の荒川区役所は、「入所の期間は、 2 年とし、それ以降の期間については、 1 年ごとに施設長が入所者の意見を聴取するとともに期間についての目標を定めるものとする」（荒川区母子生活支援施設入所事務処理要綱第 8 条）と定めている。

7)　夫婦が別居した場合、別居した配偶者や未成熟子が生活を維持するために必要な生活費を婚姻費用（婚費）といい、ここには子どもの養育費も含まれる。民法を根拠としており、母子生活支援施設入所世帯の場合一般的に夫が妻と子の生活保持義務を負うが、その金額は夫の負担能力に左右される。離婚が成立し婚姻関係が解消されると夫は妻に対する生活保持義務がなくなるため、子に対する養育費のみを負担することになる。

8)　厚生労働省（2019）『厚生統計要覧（平成30年度)』によると、2016（平成28）年度の同市の生活保護率は全国平均を4.4‰上回っていた。

9)　準要保護者に対する就学援助については、三位一体改革により、2005（平成17）年度より国の補助を廃止し、税源移譲・地方財政措置を行い、各市町村が単独で実施している。

10)　文部科学省初等中等教育局修学支援プロジェクトチーム（2019）「就学援助実施状況等調査結果」における「平成29年度就学援助制度（準要保護認定基準の概要）」（www.mext.go.jp/component/a_menu/education/detail/__icsFiles/afieldfile/2019/03/28/1362483_16_1.pdf、2019.11.20）を参照のこと。

第3章

母子生活支援施設における
自立支援のあり方

はじめに

　第2章では、母子生活支援施設が集中的、専門的な支援をしてもなお、入所している母親が経済的に自立することは相当に困難であることを明らかにした。特に、生活保護を受給していない世帯は非常に厳しい状況にあり、施設を退所すると一層の生活困窮に陥る可能性が高い。その原因は、母親自身の能力や就労に対する取り組み姿勢の問題ではなく、また、施設が提供する支援の質や量の問題でもない。むしろ、母親が労働市場に参加した際に受け取る賃金の低さやひとり親世帯に対する所得保障の低さといった社会的要因によるところが大きい。

　母子世帯の母親が経済的に自立することを阻む社会的な要因があるとするならば、その原因を明らかにしていかなければならない。さらに、母子生活支援施設において集中的、専門的な支援をしてもなお最低生活水準以下で生活している世帯が多数存在する状況から、日本の母子世帯に対する福祉政策の問題を指摘できる。これらをふまえたうえで、母子生活支援施設に入所している世帯の自立とは何か、どのような状態を自立ととらえ、どのように支援していくのかを考えなければならない。この問題を明らかにしなければ、

児童福祉法の改正によって施設名称の変更とともに明文化された自立支援や、その後に付加されたアフターケアの視点や方法を実践者や研究者が共有することはできない。

　そこで本章ではまず、厚生労働省が実施している国民生活基礎調査等各種統計データから、母子世帯の母親が社会的にどのような状況に置かれているのかを整理する。さらに、そのような母子世帯に対する国の支援政策の現状と課題にふれたうえで、母子生活支援施設における入所世帯の自立のとらえ方を定義し、自立支援のあり方を明らかにする。

第1節　母子世帯の貧困問題と支援の動向

1．母子世帯の所得状況と貧困率

　厚生労働省（2017）「平成28年国民生活基礎調査」をみると、児童のいる世帯（いわゆるふたり親世帯）の平均所得金額が707.6万円であるのに対し、母子世帯では270.1万円とその半分にも満たない。中央値をみても、児童のいる世帯が637万円であるのに対し、母子世帯は246万円となっている。

　両者の分布を比較すると、図3-1に示すとおり母子世帯の所得は低位に偏っており、100～300万円に集中している。同調査では母子世帯の場合、平均有業人員（世帯における仕事ありの平均世帯人員）は0.97人であるため、母子世帯の有業人員1人あたりの平均稼働所得金額212.0万円は、ほぼそのまま母親の稼働所得とみなしてもよいだろう。厚生労働省（2017）「平成28年全国ひとり親世帯等調査結果報告」における母親自身の平均年間就労収入も200万円となっており、母親が就労しても世帯生活を維持するために必要な収入を得られていないことがわかる。

　「平成28年国民生活基礎調査」では2015年現在、子どもがいる現役世帯のなかで大人が二人以上の世帯の貧困率が10.7％であるのに対し、ひとり親世

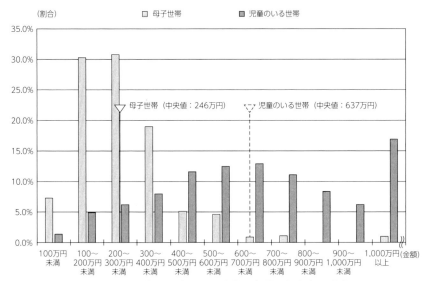

図3-1　母子世帯と児童のいる世帯の年間所得金額の分布

※「平成28年国民生活基礎調査」より筆者作成。

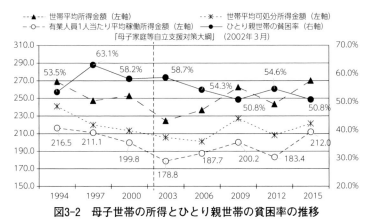

図3-2　母子世帯の所得とひとり親世帯の貧困率の推移

※「国民生活基礎調査」より筆者作成。所得金額は統計表第２表による。

帯の貧困率は50.8％であることが報告されている。母子世帯が大半を占める
ひとり親世帯の貧困率は図3-2に示すとおり常に５割を超えており、子ども
の貧困問題の中核を母子世帯の貧困問題が占めているといっても過言ではな

83

い。母子世帯の所得は図3-2に示すように、ここ20年以上ほとんど変化しておらず、母子世帯の貧困問題が長期にわたって改善されていないことがわかる。母親が就労しても世帯生活を維持するために必要な収入を得られない状況が、長期にわたって母子世帯の貧困問題を生み出してきた。

　母子世帯の貧困率とその特徴を1992年から2007年の総務省統計局「就業構造基本調査」から明らかにした田宮遊子（2019：29-34）は、有業であるにも関わらず貧困である状態を「就労貧困」とし、母子世帯の場合「65％から67％と、夫婦と子世帯の貧困率を大幅に上回る水準で高止まりしている」ことを指摘している。田宮の研究では母子世帯の場合、正規雇用であっても貧困率は40％から53％と高い水準にあるが、貧困率の最も高い非正規雇用の場合85％から87％と「8割を超える高い水準」にあるとともに、母子世帯に占める非正規雇用の割合が1992年の33％から2007年の55％に拡大していることを明らかにしている。特に、世帯主の就労収入のみで算出した貧困率から、「母子世帯では、シングルマザーが非正規雇用の場合に貧困率は90％を超えており、非正規雇用での就労収入だけではほぼ確実に就労貧困に陥っていることがみてとれる」と指摘している。田宮は、「母子世帯では子どもが小学校低学年になるまでの比較的長期間にわたり労働への制約があると推察される」ことを指摘しており、末子年齢が低ければ低いほど就労と子育ての両立が困難であることがわかる。同時に「長時間働くことで貧困リスクが十分に低下するとはいえない状況にある」ことも明らかにしていることから、子どもの成長とととともに就労と子育ての両立が可能になったとしても、母親の就労収入のみで母子世帯が抱える貧困問題を解決・改善することには限界があることがわかる[1]。

2．母子世帯支援の動向

1）2002年改革の特徴

　母子世帯の多くが何らかの経済的な問題を抱えるなかで、母子世帯を対象

とした福祉政策は1980年代以降くり返し所得保障を引き締め、母親の就労による経済的自立を促してきた。厚生労働省が「母子家庭等自立支援対策大綱」を発表した2002年をこれら就労による経済的自立を前提とした一連のワークフェア政策が結実した時期ととらえ、「母子家庭等自立支援対策大綱」を受けて実施された一連の福祉改革（いわゆる2002年改革）が母子世帯の貧困問題の解決・改善に結びついていないことを批判的にとらえる研究も多い（湯澤直美：2005、堺恵：2010など）。

　この2002年改革はアメリカにおいて1996年に実施された AFDC（要扶養児童家族扶助：Aid for Families with Dependent Children）から TANF（貧困家族一時扶助：Temporary Assistance for Needy Families）への転換による支給期間を限定した所得保障制度を模倣しており、「日本の改革のレトリックが『就労を通した自立』や仕事への意欲を強調し、アメリカの改革のレトリックと類似することは、決して偶然ではない」と指摘されている（江沢あや・鈴木玲、2018：22）。2002年改革は、「児童扶養手当の満額支給期間に５年の制限を設け、職業訓練や他の施策を通して就労を促進しようとした」改革であり、就労による経済的自立により「シングルマザーに対する政府の援助を削減しようとした」改革であった（江沢あや・鈴木玲、2018：22）。そのため、「『自立』という支援理念のもと福祉政策による対応から労働政策による対応へ移行させる改革」であり、「財政コストを抑制するために児童扶養手当費を削減し、その代替として就労支援策を導入する形式をとった改革」であると批判されている（湯澤直美、2005：94-95）。

　2002年改革の特徴は、2002年11月に改正された母子及び寡婦福祉法第12条にもとづき都道府県等が策定する母子家庭及び寡婦自立促進計画をみると明らかである。この計画は、「就業・自立に向けた総合的な支援」を目標としており、「子育てと生活支援」、「就業支援」、「養育費の確保」、「経済的支援」の４項目を策定の柱としている。４項目すべてが母親の自助努力による経済的自立を目標としているため、「子育てと生活支援」についても母親が

就労するための「子育てと生活支援」であり、「経済的支援」も2002年改革によって引き締められた児童扶養手当制度を主としている。

2) 2002年改革における就労支援—母子家庭自立支援給付金事業

　2002年改革における就労支援のひとつに、母子及び寡婦福祉法（現在の母子及び父子並びに寡婦福祉法）改正にともない、同法第31条を根拠とした母子家庭自立支援給付金事業として実施された「自立支援教育訓練給付金事業」と「高等職業訓練促進給付金等事業（旧高等技能訓練促進費等事業）」の二種類の事業がある[2]。

　「自立支援教育訓練給付金事業」は、「児童扶養手当の支給を受けている又は同等の所得水準にある」母子世帯の母親又は父子世帯の父親を対象として、介護職員初任者研修（旧ホームヘルパー2級）など就労による経済的自立に有効であると判断された雇用保険の教育訓練給付制度の対象となっている講座、もしくはこれに準じて都道府県等各実施自治体の長が地域の実情に応じて対象とする講座を受講した場合、受講料の一部を助成する事業である。実施当初は母子世帯の母親のみを対象に、受講料の2割に相当する額（上限100,000円）が支給されていたが、2019年現在、受講料の6割に相当する額（下限は12,001円、上限は修学年数×200,000円、最大800,000円）まで支給されている。「高等職業訓練促進給付金等事業」も同様に「児童扶養手当の支給を受けている又は同等の所得水準にある」母子世帯の母親又は父子世帯の父親を対象として、「養成機関において1年以上のカリキュラムを修業し、対象資格（看護師や介護福祉士など）の取得が見込まれる」（括弧内筆者）者で、「仕事または育児と修業の両立が困難である」者を対象として、4年を上限として月額100,000円（市町村民税非課税世帯）、もしくは70,500円（市町村民税課税世帯）が支給されている[3]。

　母子家庭自立支援給付金事業における「自立支援教育訓練給付金事業」と「高等職業訓練促進給付金等事業」の給付件数と就業件数の推移は図3-3に示すとおりである。制度発足当初は比較的短期間で資格が取得可能な「自立支

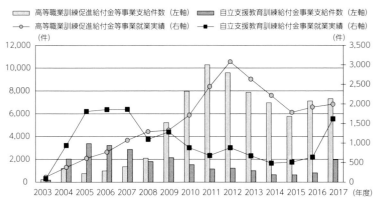

図3-3　母子家庭自立支援給付金及び父子家庭自立支援給付金事業の利用状況および就業実績

※厚生労働省雇用均等・児童家庭局家庭福祉課母子家庭等自立支援室「母子家庭の母の自立支援関連資料」、「平成22年度母子家庭等対策の実施状況」、「平成27年度母子家庭の母及び父子家庭の父の自立支援施策の実施状況」、厚生労働省子ども家庭局家庭福祉課母子家庭等自立支援室「平成29年度母子家庭の母及び父子家庭の父の自立支援施策の実施状況」より筆者作成。

援教育訓練給付金事業」が給付件数、就業件数ともに「高等職業訓練促進給付金等事業」を上回っているが、2008年度以降は就業により有利な国家資格を取得できる「高等職業訓練促進給付金等事業」の給付件数、就業件数が「自立支援教育訓練給付金事業」の給付件数、就業件数を上回っている。2013年度からは事業の対象に父子世帯が加わったため母子世帯のみの詳細な数値は不明であるが、ひとり親世帯に占める母子世帯の割合から考えても、そして受給条件である「児童扶養手当の支給を受けている又は同等の所得水準にある」という所得の低さから考えても、この制度を利用しているひとり親世帯の多くが母子世帯であることが推測できる。

3）高等職業訓練促進給付金等事業の現状

　母子家庭自立支援給付金事業のうち「高等職業訓練促進給付金等事業」は、表3-1に示すとおり「自立支援教育訓練給付金事業」に比べて常勤職としての就業率が高い。これは、取得までに長い期間を必要とする看護師や介

表3-1 母子家庭自立支援給付金事業における常勤職としての従業状況

年度	高等職業訓練促進給付金等事業就業実績			自立支援教育訓練給付金等事業就業実績		
	就業件数（総数）	内、常勤職就業件数	就業件数に占める常勤職の割合	就業実績（総数）	内、常勤職就業件数	就業件数に占める常勤職の割合
2003	128	112	87.5%	89	27	30.3%
2004	379	320	84.4%	938	278	29.6%
2005	607	515	84.8%	1,810	624	34.5%
2006	768	663	86.3%	1,857	749	40.3%
2007	1,071	874	81.6%	1,862	674	36.2%
2008	1,291	1,054	81.6%	1,096	347	31.7%
2009	1,332	1,124	84.4%	1,282	358	27.9%
2010	1,714	1,519	88.6%	880	315	35.8%
2011	2,442	2,129	87.2%	682	242	35.5%
2012	3,079	2,739	89.0%	880	280	31.8%
2013	2,631	2,369	90.0%	675	215	31.9%
2014	2,217	2,003	90.3%	488	186	38.1%
2015	1,785	1,561	87.5%	513	189	36.8%
2016	1,920	1,749	91.1%	637	244	38.3%
2017	1,993	1,797	90.2%	1,619	846	52.3%

※厚生労働省雇用均等・児童家庭局家庭福祉課母子家庭等自立支援室「母子家庭の母の自立支援関連資料」、「平成22年度母子家庭等対策の実施状況」、「平成27年度母子家庭の母及び父子家庭の父の自立支援施策の実施状況」、厚生労働省子ども家庭局家庭福祉課母子家庭等自立支援室「平成29年度母子家庭の母及び父子家庭の父の自立支援施策の実施状況」より筆者作成。

護福祉士などの資格が取得可能なためであり、制度利用者の8〜9割が常勤職として就業している。

2017年度現在、「高等職業訓練促進給付金等事業」による就業者1,993人の内訳について厚生労働省子ども家庭局家庭福祉課（2019：43）「ひとり親家庭等の支援について」からみると、看護師（873人）、准看護師（765人）と医療系の資格が82.2％を占めており、次に保育士（111人）、介護福祉士（31人）、社会福祉士（30人）など福祉系の資格取得者が続くが、その差は歴然

としている。医療分野の資格に集中する背景には賃金の違いがあると考えられる。厚生労働省（2018）「平成29年賃金構造基本統計調査」によると、企業規模計（10人以上）でみた場合、いわゆるボーナスにあたる「年間賞与その他特別給与額」（年額）は、看護師が79万9千円、准看護師が65万7千円、保育士は66万2千円とそれほど大きな差はみられない。一方で、「きまって支給する現金給与額」（月額）は看護師が33万1千円、准看護師が28万3千円であるのに対し、保育士は22万9千円にとどまっている[4]。1カ月の労働時間（所定内実労働時間数＋超過実労働時間）は、看護師（160+7）や准看護師（162+4）に対し保育士（171+4）の方が若干長くなっており、医療系資格にもとづく職種に比べ相対的に時間賃率が低いことがわかる。

4）母子家庭自立支援給付金事業の課題と限界

　労働者に対して支払われる賃金が労働者の持つ労働力の価格に応じて支払われているとするならば、母子世帯の多くが就業しているにもかかわらず低い所得水準に置かれ、生活に困窮しているという現状に照らした場合、母親の能力の向上（労働力の価格の向上）を図ることによって雇用・労働条件を高め、それによって所得の増加を実現していくことが、母子世帯の経済的な自立支援に関する現実的対応であると考えられる[5]。

　母子家庭自立支援給付金事業はその手段のひとつであるが、利用者が全母子世帯のごく一部に限定されていることに注意が必要である。「平成28年国民生活基礎調査」では、児童のいる世帯数が11,666千世帯であるのに対し母子世帯数は712千世帯となっており、子育て世帯の5.8％と1割にも満たない。この母子世帯の半数以上が貧困状態に置かれているなかで、母子家庭自立支援給付金事業の利用者は表3-1に示すように、極めて一部の限られた存在であることがわかる。

　母子家庭自立支援給付金事業による給付は、あくまでも職業訓練（資格取得）にかかる当事者負担を軽減するものであり、受講期間中の生活を保障するものではないことから、子育てや就労と両立して資格を取得することは誰

にでもできることではない。資格を取得し労働市場に参加して経済的に自立可能な賃金を受け取るようになるまでの間の生活を保障する制度やサービスが十分に整備されていない現状において、受給期間中の生活にかかる費用の不足分は、基本的に母子父子寡婦福祉資金貸付金制度の利用など借金によって賄うことになる。受給期間中の保育問題などに対する環境の整備や、就労収入を見込めない修学期間中の生活保障を貸付ではない方法でどう実現していくのかといった課題の解決が進まない限り、今後も母子家庭自立支援給付金事業の利用は限定的にならざるを得ないだろう。

さらに、看護師など医療系資格の養成校については入学試験に合格することも容易ではないことから、母子世帯の母親は資格取得までに就学と就業、就学と子育ての両立をはじめ、入学試験対策や場合によっては高等学校卒業程度認定試験の受験などいくつものハードルを越えなければならない。そのため、多くの母子世帯は就職に有効な資格の取得に至ることはなく、離婚後すぐに資格や経験を問われることのない比較的容易に就労可能な環境で働き始めることになる。

3．母子生活支援施設入所世帯の現状と課題

1）母子生活支援施設入所世帯の現状

　厚生労働省（2017）「平成28年度全国ひとり親世帯等調査結果報告」によると、表3-2に示すように母子世帯の就労率は81.8％となっており、8割の母親が何らかの形態で働いている。一方で、社会福祉法人全国社会福祉協議会・全国母子生活支援施設協議会（2017：125）『平成28年度全国母子生活支援施設実態調査報告書』によると、母子生活支援施設に入所している世帯の就労率は67.6％にとどまっている。図3-4のように、就労していない理由としては母親の求職中がもっとも多く2015年度では35.3％であるが、それ以外の理由は病気（20.6％）、障害がある（15.1%）、乳幼児等の世話（13.3％）などとなっており、就労自体が困難である世帯も多い。

表3-2　地域で生活する母子世帯と母子生活支援施設入所世帯の諸比較

		平成28年度全国ひとり親世帯等調査（2016年調査）	平成28年度全国母子生活支援施設実態調査報告書（2016年調査）
母親の就労率		81.8%	67.6%
生活保護受給世帯の割合		11.2%	51.2%
児童扶養手当を受給している世帯の割合		73.0%	81.8%
受給状況の内訳	全部支給	42.5%	90.2%
	一部支給（所得制限による減額）	57.5%	9.8%

注：「平成28年度全国母子生活支援施設実態調査報告書」における生活保護受給世帯、児童扶養手当を受給している世帯は、「不明」、「無回答」を除いて算出した割合である。

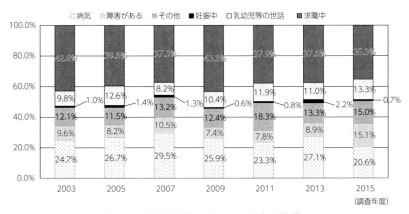

図3-4　母親が就労していない理由の推移

※『平成26年度全国母子生活支援施設実態調査報告書』、『平成28年度全国母子生活支援施設実態調査報告書』より筆者作成。

　母子生活支援施設に入所している世帯の母親は表3-2のように、地域で生活する母子世帯の母親に比べて就労率が低いだけでなく、児童扶養手当の全部支給率や生活保護の受給率が高いという特徴がある。実際、地域で生活する母子世帯と母子生活支援施設入所世帯の年間の所得金額を比較すると、図3-5に示すように母子生活支援施設入所世帯がより低位に偏っている。「平成

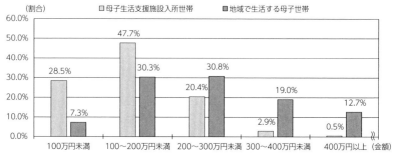

**図3-5　母子生活支援施設入所世帯と地域で生活する母子世帯の
年間所得金額の比較**

※『平成30年度基礎調査報告書』、「平成28年国民生活基礎調査」より筆者作成。

28年国民生活基礎調査」では母子世帯の平均所得金額は270.1万円であった
が、社会福祉法人全国社会福祉協議会・全国母子生活支援施設協議会
（2019：90）『平成30年度基礎調査報告書』では母子生活支援施設入所世帯の
年間の平均収入は149.2万円となっており、地域で生活する母子世帯より100
万円以上低くなっている。これは、母子生活支援施設に入所している世帯が
母子世帯のなかでもより下層に位置し、深刻な貧困問題を抱えており、就労
による経済的な自立が非常に困難であることを示している。

2）入所世帯の母親の低学歴問題

　入所世帯の母親が就労によって経済的に自立することが困難な背景のひと
つに、母親の低学歴問題が存在する。田宮遊子（2019：33）は、「シングル
マザーの場合、高卒が全体の半数を超え大卒は7％にとどまる一方、中卒が
11％と、教育歴の短さが目立つ」ことを明らかにしており、「教育歴が長い
ほど貧困リスクを低下させる傾向が顕著にみてとれるなかで、母子世帯の場
合、夫婦世帯よりも高学歴化が進んでいないことは、就労貧困の割合を高め
ている一因と考えられる」と指摘する。「平成28年度全国ひとり親世帯等調
査結果報告」では表3-3に示すように、母子世帯のなかでも母親の最終学歴
が低いほど就労収入が低くなる傾向が明らかにされている。

表3-3　母子世帯の母の最終学歴別年間就労収入

	100万円 未満	100〜200 万円未満	200〜300 万円未満	300〜400 万円未満	400万円 以上	平均年間 就労収入
総数	323	511	318	154	133	201万円
	22.4%	35.5%	22.1%	10.7%	9.2%	
中学校	66	53	18	3	5	117万円
	45.5%	36.6%	12.4%	2.1%	3.4%	
高校	135	268	149	59	25	171万円
	21.2%	42.1%	23.4%	9.3%	3.9%	
高等専門学校	14	21	15	12	10	254万円
	19.4%	29.2%	20.8%	16.7%	13.9%	
短大	41	74	59	23	20	205万円
	18.9%	34.1%	27.2%	10.6%	9.2%	
大学・大学院	23	31	25	28	38	303万円
	15.9%	21.4%	17.2%	19.3%	26.2%	
専修学校・ 各種学校	39	60	50	28	35	257万円
	18.4%	28.3%	23.6%	13.2%	16.5%	
その他	5	4	2	1	0	120万円
	41.7%	33.3%	16.7%	8.3%	0.0%	

※「平成28年全国ひとり親世帯等調査結果報告」より筆者作成。

　母子世帯の母親の多くは労働市場に参加しても、相対的に低位な労働者に位置づけられているが、その中でも学歴が低いほどより低位な収入状況に置かれている。「平成28年全国ひとり親世帯等調査結果報告」における母親自身の平均年間就労収入は200万円であるが、最終学歴別にみると、中学校卒業で82.1%、高校卒業で63.3%、短大卒業でも53.0%がこの水準を下回っている。

　母子生活支援施設入所世帯の母親の場合、この傾向は一層顕著となる。全国の母子生活支援施設入所世帯を対象に調査した兜森和夫らの研究では、「日本国籍の母親の最終学歴は、『高卒』が47.6%で最も多く、次いで『中卒』28.3%、『高卒後専門学校』8.7%、『短大』5.3%、『大学・大学院』2.7%」であることが報告されている（財団法人こども未来財団、2009：8）。筆者

が第2章で調査した某特例市にあるA母子生活支援施設でも、中学校卒業（含高校中退）が27ケース（54.0%、内高校中退8ケース）、高校卒業（含大学中退）が15ケース（30.0%、内大学中退1ケース）、短期大学卒業が2ケース（4.0%）、不明が6ケース（12.0%）となっており、半数が中学校卒業であった。いずれの調査でも約8割が中卒・高卒であり、母子生活支援施設入所世帯の所得の低位性の根拠となっている。

3）母子世帯の貯蓄水準

　母子世帯の母親の低賃金や不安定雇用といった雇用・労働問題は、世帯の貯蓄額にも影響してくる。

　図3-6に示すように、母子世帯のほぼ半数が貯蓄額50万円未満に集中している。「平成28年国民生活基礎調査」ではそのなかの37.6%が「貯蓄がない」状態であることも明らかになっている。貯蓄額の低さは、いざという時の自助能力の低さを表している。母親や子どもの健康問題やその他事由により母親が就労できなくなった際には、収入が途絶えた途端に生活困窮に陥る。冠婚葬祭等予期せぬ出費や子どもの進学等教育にかかるまとまった出費が必要

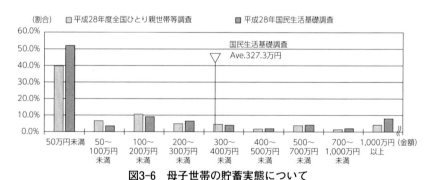

図3-6　母子世帯の貯蓄実態について

※「平成28年度全国ひとり親世帯等調査」、「平成28年国民生活基礎調査」より筆者作成。
※「平成28年国民生活基礎調査」の「50万円未満」には、「貯蓄がない」37.6%を含む。
※「平成28年国民生活基礎調査」の「1,000万円以上」は、調査における1,000万円以上の貯蓄がある世帯をすべてを合算したものである。
※両調査とも「不詳」を除く。

になった際にも対応が困難になる。その結果、親類縁者や近隣との付き合い
が途絶されれば、世帯の社会的孤立を生み出すことになる。また、経済的な
理由による進学の断念や多額の奨学金の借り入れは、子どもたちの将来に影
響を及ぼし貧困の連鎖を生み出していく。母子生活支援施設では近年、DV
からの逃避により着の身着のまま入所してくる世帯も多い。施設利用料が無
料、もしくはきわめて低額な状態にある入所中に、再び地域で生活するため
の貯蓄をすることは重要であり、多くの母子生活支援施設がそのための助言
等をおこなっているであろう。しかし、労働市場における女性労働者の低位
性、さらにそのなかでもより困難な問題を抱えた母子世帯の母親たちの低位
性は明らかであり、母子生活支援施設入所世帯の多くがその典型である以
上、再び地域で生活するために必要な額を貯蓄することは容易なことではな
い。「社会的養護の課題と将来像」は母子生活支援施設の役割を、DV 被害
者や被虐待児、障害のある母子の保護と自立支援だけでなく、「利用者の就
労収入は、母子家庭の中でもさらに低く、平均収入は120万円にすぎない。
母子生活支援施設は、貧困母子世帯への支援も担っている」と述べてい
る[6]。貧困な母子世帯の支援には母子世帯の母親の雇用・労働問題に対する
正しい認識が不可欠であり、その認識を抜きに母子生活支援施設における支
援のあり方を考えることはできない。

4．入所世帯が抱える雇用・労働問題

　母親の不就労の背景に病気や障害といった母親の心身の不調に関する課題
が一定数存在しているのは事実であるが、むしろ求職中のケースや乳幼児等
の世話によって求職、就労が困難なケースが一定数あることを考えると、母
親が直面する雇用・労働には様々な課題があるように感じられる。事実、母
親が直面する雇用・労働問題は、母子寮時代から母親の不安定雇用や低所得
問題として繰り返し指摘されていた。
　社会部・社会法令課（1957：83）は京都府下の三母子寮を調査したうえ

で、入所世帯の就職問題が深刻であり、「特殊技能をもたない中年女子が安定した職業につくことは困難であって、いきおい臨時雇や家事手伝に類する仕事が多く従って収入も（中略）低収入に止まり」、調査対象世帯の半数近くが「被保護世帯であることも、母子家庭の生活の困難さを示している」と指摘している。川村あい子（1962：51）も自らの実践を通して、「母子寮で一番大切なことでありながら一番困難なことは、母親の就職の問題であろう」と述べ、「なんの技術もなくて中年から職を持たなければならなくなったこれらの人々の場合、有利な職業につくことは全く困難」であると指摘している。菅原まさ（1968：87-88）は地方都市の母子寮調査から、母親に婚前の就労経験があっても、「単純労働であった関係から、一般に就労のための知識技能の準備」はなく、「従って母子世帯となった場合の仕事内容は再び単純労働」となり、「そのほとんどが小零細企業の被雇用者」であることを明らかにしている。入所世帯の母親は、「一般には高年令ほど勤続年数が長く賃金も多くなる筈が、母子家庭の場合は年齢と勤続年数の関係は、他の人々の場合と必ずしも一致」せず、「生計維持の上でバランスがとれない」状態であった。またその賃金は、「生計維持は不可能に近く、社会保障の援助が必要なことは明らか」な水準であった。これらのことから、「各自の年齢と子供がある家庭事情の制約から、零細企業に就労しかつ勤続年数が短いことにより一層低賃金となっている」と指摘している。松本武子・鈴木伸子（1968：15-17）は東京都の母子寮在住世帯調査を通して、「資格を得ることのできるような高等教育を受けている者が少ないことにも関連」して、「いわゆる技術職や専門職に就いている者」が少なく、「母子世帯になる以前からの就職者は少なく、中高年齢層の就職条件が困難であることも考えられる」と指摘している。

　これらの指摘から母子寮入所者の抱える問題を考えると、入所以前の職業経験が乏しいこと、専門的な資格・技術を有していないこと、またそれらの修得が困難であることが中高年期以降の安定職への就職を困難にしており、

結果として母親の多くが低賃金で不安定な雇用状況に追い込まれている。これは、これからの母子寮のあり方委員会（1989：87）が、「就労はしているものの、一般世帯にくらべ収入は低く、不安定な就労であることなどから、経済的困窮状態にあり、そのため生活保護の受給率も他の世帯類型に比較して高い」という入所世帯の特徴とも一致している。入所世帯の多くが不安定な雇用のもと低賃金労働者として就労している状況こそが、世帯の経済的自立が困難であることの最たる理由であろう。これら中高年女性労働者の雇用・労働問題の背景には、そこに至るまでのキャリア形成を不要としてきた労働市場の問題、日本社会における性別役割分業という考え方、それを前提とした子女の教育におけるジェンダー・トラック、払拭されない不安定雇用の問題など多くの要因を指摘できる。

　さらに、林千代（1982：51）が母子寮入所世帯の母親の「生育歴における貧困さは、それなりに能力を伸ばす教育や、環境をのり越える力を修得させなかった。それらは、複合的に重なりあってとりわけ生別の母子家庭を形成したとみることができる」と指摘するように、貧困の連鎖が入所世帯の母親を母子世帯のなかでもより低位な階層にとどめ置いている。入所世帯の母親の多くが児童期やその後の成人期にすでに困窮状態におかれていたという指摘は、堀場純矢（2013）による母子生活支援施設職員に対するヒアリング調査によっても明らかにされている。

　これらの指摘から、入所後の就労による経済的自立を阻む様々な要因は女性であるという事に加え、母親の人生に折り重なって積み上げられてきた様々な生活問題の影響によるところが大きいことがわかる。その結果が入所後の就労による経済的自立を困難にし、母子世帯のなかでもより低位な階層に押しとどめ、不足する生活費を児童扶養手当等社会手当や生活保護に頼らざるを得ない状況を生み出してきた。

　松本武子・鈴木伸子（1968：18）は生活保護の受給状況について、入所期間の長短による「生活保護の受給率に大差がない」ことから、「母子寮と

は、母子世帯に立ち直りのきっかけを与えることを本来の機能とする筈であるが、このことからみると実際には、その機能が充分に発揮されているとは言い難いのではなかろうか」と指摘している。また、林千代（1982：49）は、「女であっても、能力に応じた職業教育の必要性があり、そして、逆境におかれればおかれるほど失われがちな働らく意慾や自立への意志をもちつづけられるように援助する機関や組織の必要性を痛感する。母子寮は、こうした役割をはたす社会福祉施設の一つであり、またそうでなければならない」（原文ママ）と指摘している。これらは就労による経済的自立を意識した支援を母子寮に求めるものであり、就労支援を促すものである。母子寮に対し、就労を前提とした専門的な支援が求められるのはもっともであるが、その実現には母子寮独自の努力だけでなく、それを実現できる労働市場の整備が必要である。ところが、日本においては今日に至るまで、母子世帯の母親が自らの労働によって世帯の経済的自立を容易に実現できる労働市場は整備されず、今もなお多くがワーキング・プアとして下層の労働者にとどめ置かれている。

　このことから、母子寮や母子生活支援施設が入所母子に対する就労支援を強化し労働市場に送り出そうとする支援を繰り返してきたことは、多くのワーキング・プア世帯をつくり出してきた行為であったともいえる。問題は支援者が、母子世帯の母親が経済的に自立できない要因を労働市場の問題として認識していたか、それとも母親自身の問題としてとらえてきたかということである。これは、貧困が自己責任か社会的責任かという議論とも通じるものである。

第2節　母子生活支援施設における自立支援の あり方

1．母子生活支援施設における就労支援の位置づけ

　母子生活支援施設入所世帯の母親が、施設の専門的、集中的な支援を受けてもなお就労による経済的な自立が困難であることの根底には、労働市場において女性労働者が相対的に低位な階層に位置づけられていることがある。そのなかでも、母子世帯の母親は就労と子育てを一人で両立させなければならないという特有の課題を抱えており、さらに母子生活支援施設に入所している母親の場合、多くが低学歴、無資格といった就労における不利な条件、加えて母親や児童の障害や健康問題など、生活上の諸課題を重層的に抱えている。

　母子生活支援施設のなかにはこのような母子世帯に対し、所得保障を引き締め就労支援を強化するアメリカ型のワークフェア政策を指向する日本の支援施策に従い、入所世帯の母親を雇用の質を問わずとにかく就労させようとする施設が存在する。そのような施設では往々にして就労しない（できない）理由を母親の個別問題（我慢が足りない、やる気がないなど）として位置づけ、過度な努力を求めている。一方で母親の就労に関する諸実態を調査・分析し、就労支援の現状と課題を明らかにすることで、実態に沿った就労支援の実施に取り組んでいる施設もある。

　一例として、大阪市にある母子生活支援施設東さくら園（現リアン東さくら）では、『母子生活支援施設における就労支援の現状と課題―東さくら園就労実態調査から―』として、2007年当時入所していた47ケースの母親の実態分析から支援策の考察を試みている。ここでも入所世帯の47%（22ケース）が中卒（高校中退を含む）であり、そのうちの86.4%（19ケース）が生

活保護を受給していた。高卒・専門学校卒以上の25ケースに占める生活保護受給世帯が60.0%（15ケース）であることから、低学歴が経済的自立に向けて相対的に不利であることは明らかであるが、それ以前に全体の生活保護受給率72.3%（34ケース）、平均年収128万952円、正規雇用率4.3%（2ケース）という実態が、母子生活支援施設入所世帯の母親が置かれている状況を如実に表している。さらに、求職中の母親のなかに健康上の問題等から「就労意欲以前のケアが必要な人が多い」という指摘は、今日の母子生活支援施設全般が抱える課題と共通している[7]。同調査のなかで母親が未就労である理由を分析した金澤誠一も、母子が抱える健康問題や保育所入所待機、資格取得の実態から、「本人の責任や努力に帰すことができないことが分かる」と結論づけており[8]、母子生活支援施設では就労支援以前に様々な支援が求められていることがわかる。

　同調査では、「母子生活支援施設の利用者は、就労によるプログラムのみならず、利用者の潜在能力を高めるために、健康面（身体的・精神的）の回復、生活問題の整理、自尊心の向上をサポートする支援・援助があってこそ、生活する意欲を回復し、社会的スキルの向上が就労支援につながることが確認できた」としている。同調査においても実態と政策の矛盾は明らかになっており、「こうした中で行われる就労支援は、利用者が『安心できる施設の暮らし』にたどり着けないという問題を生んで」いることから、母子生活支援施設における支援には、「より現状に沿った各種施策」との連携の必要性を指摘している。同調査が現状と照らし合わせて改善を求める母子世帯の就労支援策とは、児童扶養手当や生活保護による所得保障の充実にとどまらず、実態に沿った生活保護制度の柔軟な運用や最低賃金の引き上げなどを前提とした生活の安定と、そのうえで現行の母子家庭等自立支援給付金事業を母子世帯のなかでもより困難な問題を抱える層の実態に沿った運用形態にすべきであるという提案である[9]。

　東京都にある母子生活支援施設、大田区立ひまわり苑副施設長の斎藤弘美

（2016：98）も入所者の状況について、「利用者の多くの最終学歴が中卒と高卒であること、就労に有利な資格を持っておらず、履歴書への記載事項が少なく自信がない状態」であることを指摘しており、「資格を取れる機会や高卒認定含む高校卒業にもチャレンジできる環境を身近に作ることで、自立支援としての就労支援ができないか」と、「利用者状況にあった就労支援」のあり方を考えている。斎藤は、「本来、施設利用者の自立支援は『就労』だけではなく、子どもとの生活や母の健康状況など様々な課題に配慮し、世帯状況に合わせた自立支援計画を利用者と共に作成するものである」としながらも、「施設内の就労率が半数を割ると、施設内全体で就労意欲が低くなり様々な課題が起きやすくなる傾向にあることや、子どもとの生活にもプラスにならないことなど課題が増幅しやすいこと」を指摘している。自立支援は闇雲な就労支援になってはいけないものであるが、就労は自立支援における重要な位置を占めるものであることを確認できる。そのうえで「新たな就労支援の取組み」として、①いくつになっても何度でもやりなおしができる環境をつくる、②わかりやすいこと、③自分で目標を持ち、選択できるようになること、④スモールステップから進めること、⑤退所しても、TRYできる支援にすること、⑥予防の視点で地域の人たちへも支援を考える、以上の6項目をポイントとしてあげている。

　東さくら園も大田区立ひまわり苑も、入所世帯の母親の実態から就労支援の困難性を理解しながらも、当事者を主体とした就労支援の必要性と重要性を指摘しており、それぞれにそのあり方を模索し実践している。いずれの取り組みも就労支援は自立支援の一部であり重要な部分ではあるが、それだけではなく生活をトータルにみた自立支援が必要であることがわかる。

2．母子生活支援施設における「自立」と「自立支援」

1）「自立」と「自立支援」

　母子世帯の地域における安心で安定した自立生活を実現するために最も重

要で、かつ最も達成困難なものが「経済的自立」であることは多くの論者の指摘において共通している[10]。経済的自立は母親の「自立」にかかる一部分であるが、何度も繰り返すように母親の「自立」は就労による経済的自立と同義ではない。母子生活支援施設において入所世帯の「自立」をどのようにとらえるべきか整理することは、就労支援を含めた総合的な自立支援を実施するうえで不可欠な作業である。

　桜井啓太（2017）は児童や高齢者、障害者など対象分野ごとに「自立」や「自立支援」という言葉が異なった状態を指していることから、「この言葉の『不確かさ』（≒多義性）こそが一番の特徴」であり、「多義的であり、『一つに捉えられない』ことを最大の特徴とするこの概念を定義づけようとする試みは徒労に終わるだろう。ゆえにこの言葉のずばりの定義をあたるのではなく、むしろ『周辺』に注目する必要がある[11]」と指摘している（桜井啓太、2017：122-127）。確かに、そのような「自立」や「自立支援」を一般化し定義づけることは困難であろう。母子生活支援施設が実施する支援においても、「自立」や「自立支援」を明確に「～である」と定義づけることは難しい作業である。しかし、少なくとも実践者や研究者が共通言語として用いることができる「自立」や「自立支援」の概念整理をするとともに、「自立」や「自立支援」が「～ではない」ことを明らかにすることはできる。

　母子生活支援施設に関する先行研究も、「自立」を狭義の経済的自立に限定しない多義的概念としてとらえている。湯澤直美（1999：94）は「自立」を、「さまざまな状況のなかで自分に必要なものを選び取りながら人間や社会と取り結ばれていくこと、またあるがままの自分を生きるために自らを癒していく環境を相互に保障していくこと、そのようななかで『自力で立つ』のではなく自分とは異なる他者とともにありながらとり結ばれる関係を力にしていくこと」としている。松原康雄（1999：38）も同様に、「自立を『人間関係を取り結べることを基盤とした社会生活の展開』として整理」している。山辺朗子（2007：3）においても、「自立」を、「『自己決定や自己選択

によって、自分らしく生き生きと生活できること』などを指す」と考えており、社会生活のなかで社会資源を有効に活用しながら自分らしく生きていくことが「自立」した生活であると考えている。

　制度面でも「自立」のとらえ方には変化が生じている。2005年から生活保護制度の運用に導入されている自立支援プログラムでは「自立」の概念を、①経済自立（就労による経済的自立）、②日常生活自立（身体や精神の健康を回復・維持し、自分で自分の健康・生活管理を行うなど日常生活において自立した生活を送ること）、③社会生活自立（社会的なつながりを回復・維持し、地域社会の一員として充実した生活を送ること）の三つにわけて考え、受給者それぞれの有する能力に応じた支援に取り組んでいる。最終的な目標は就労による経済的自立に置いているものの、そこに至るプロセスにそれぞれの能力に応じた自立論を持ち込んだことは実態への歩み寄りととらえていいだろう[12]。

　以上のように、今日的な自立支援とは狭義の経済的「自立」にとらわれず、当事者が利用できる制度やサービスを主体的に選択し社会生活を営むことを「自立」した生活ととらえ、それを側面的に支援していくことが「自立支援」であると考えられる。

2) 母子生活支援施設において定義される「自立支援」

　「自立」や「自立支援」の定義づけの難しさについては桜井が指摘したとおりであるが、それでも母子生活支援施設においては以下の定義づけがおこなわれている。

　2007年4月に社会福祉法人全国社会福祉協議会・全国母子生活支援施設協議会（以下、「全母協」という）が発表した「全国母子生活支援施設協議会倫理綱領[13]」（以下、「倫理綱領」という）では、母子生活支援施設がおこなう自立支援を経済的自立という狭義の自立概念でとらえるのではなく、「母と子の自立に向けた考えを尊重し、その歩みをともにしながら、母と子を支えること」ととらえている。その背景には、「利用者それぞれの自立の考え

方を大切にしながら、利用者の生活スキル・生活の質の向上をめざして、母子生活支援施設はその実現に向けて寄り添う」という考え方があった（社会福祉法人全国社会福祉協議会・全国母子生活支援施設協議会、2012：50）。倫理綱領はその後、2017年5月の改定で主語が「母子生活支援施設」から「私たち（母子生活支援施設に携わるすべての役員・職員）」と改められたが、自立支援に関する基本的な考え方に変化はなかった。「策定の経緯および各項目の内容と考え方について」では、「倫理綱領をめぐる議論の中では、『経済的自立』のみを持って『自立』とすることについては、必ずしもあてはまらないのではないか、という意見が出され」たことから、「利用者それぞれの自立のあり方と、それに向けた母子生活支援施設の自立支援のあり方を、『母と子の自立に向けた考えを尊重し』」としたと解説している[14]。2017年の改定において、未だに「自立」を論じるときに経済的自立論を含めた自立論が議論されるあたりに母子生活支援施設の旧態依然とした体質がみてとれるが、それも今では多数派ではなくなっている。

　全母協が2015年5月に発表した私たちのめざす母子生活支援施設（ビジョン）策定特別委員会（2015）「私たちのめざす母子生活支援施設（ビジョン）報告書」（以下、「ビジョン」という）では、「ひとり親が子育てをしながら生計を築くには子どもたちの育つ家庭環境が整えられなければ安定した生活には繋がらない」ということを前提に、「子どもの自立」と「母の自立」を考えている[15]。「母の自立」では、「生活保護受給も含めた社会制度や様々な社会資源を活用し、必要な支援を検討しながら自己選択を可能とする情報を提供し、自己決定・自己実現に繋げるため一つ一つに寄り添った支援をしながら、課題解決と共に子どもの将来に向けた生活の基盤となる家族関係の構築を支援することが重要である」としており、母親の自立を生活保護制度からの脱却や就労による経済的自立に限定しない広義の自立ととらえている。そのうえで、母親の主体性を尊重した支援とともに、「子どもの将来」を視野に入れた支援の必要性を指摘している。

一方で、「子どもの自立」では豊かな経験を積み重ねていくことを目的として、①子ども達が人と繋がる温かさや安心感をもつことができること、②自分の存在に自信が持てること、③未来に希望をもつことができること、以上を重視している。①と②は③を実現するための基盤となるものであり、寺嶋恵美（2016：811）の、「施設では、信頼関係を作っていくこと自体が大きな支援目標となることもあり、安定した対人関係を築くことは、自立へ向かう基盤を形成することになる」、「利用者を理解していく過程は、利用者にとっても自己肯定感を獲得していく過程となる」という指摘とも合致する。母子生活支援施設における児童の自立支援については、児童が主体性をもって自ら目標を設定し、その達成課題に取り組んでいく過程が、既に児童にとっての「自立」であり、その過程における環境調整を含めた支援の見取り図を、児童とともに考えて作成したものが自立支援計画といえる。そして、その計画にもとづいた児童主体でおこなう職員との協働作業が自立支援であると考えられる。これに則ってビジョンのあり方を考えた場合、「子どもの自立」とは児童が他者との関りのなかで他者を信頼できる存在であると認め、また、他者から認められることで自己肯定感を高め、自ら次の目標を設定して生きていく過程といえるだろう。自ら立てた目標に向けてフォーマル・インフォーマルな社会資源を活用しながら取り組み、成功体験を積み重ねることで自己肯定感を高め、それによって自らの将来を見出していく過程ともいえる。職員はこの過程において、児童の主体性を大切にしながら児童の力を見極め、必要最小限の支援によって児童の自律性や自主性を促していくことになる。

　以上のように、母親とその子どもがともに暮らす母子生活支援施設において、母親と児童それぞれに定義づけられる「自立」や「自立支援」は異なった状態を指している。このことから、桜井が指摘した「自立」や「自立支援」の定義づけの困難性をみることができる。しかし、母子生活支援施設はこの母親と児童の「自立」や「自立支援」をとりまとめて、世帯としての

「自立」を支援していく役割を担っている。

3．入所中の支援（インケア）と退所後の支援（アフターケア）

　母子生活支援施設の退所状況を『平成28年度全国母子生活支援施設実態調査報告書』にみると、経済的自立度が高まったことによる退所は2016（平成28）年度で20.5％である。日常生活、身辺、精神的自立が高まったことによる退所（16.6％）を含めても37.1％であり、全体の４割にも満たない（社会福祉法人全国社会福祉協議会・全国母子生活支援施設協議会、2017：116）。半数以上が広義の「自立」とは異なる理由で退所していることがわかる。このような背景から、自立支援計画策定における「退所」と「自立」の関係を退所母子世帯の実態と今日的「自立」概念から整理すると、退所後の地域生活のなかで達成されていくものとして考えることができる。ビジョンでも「母の自立」について、「利用者の中には、施設入所中に課題を解決し、自立へ向けて回復した生活が営めているが、退所後にはまた同じ課題を抱えてしまう場合も多い。そこで、施設から退所した後も支援の中で築いた信頼関係を繋ぎ、常に安心して相談できる窓口としての関りを持ちながら、それぞれに必要な支援に繋ぎ、柔軟にサポートし続けていくことが必要である」と、アフターケアの必要性を指摘している。

　母子生活支援施設に入所した世帯は、いずれ退所し再び地域で生活していくことになる。ビジョンが指摘するように、退所後に再び同様の生活問題を抱えるケースや、新たな生活問題を抱えるケースが発生することは容易に想像できる。さらに近年、入所世帯の施設利用期間は短期化する傾向にあり、入所中にすべての問題を解決することはより困難になっている。必然的に解決できなかった問題を抱えたまま施設を退所し地域生活へと移行するため、母子の自立した生活の実現に向けた取り組みは退所後の地域生活に引き継がれる。

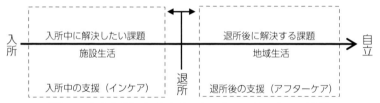

図3-7　自立支援におけるインケアとアフターケアの関係

出典：武藤敦士（2013b：114）を一部改変。

　自立支援計画における「退所」は自立に向けたプロセスの一つであり、それ自体が目的ではない。「退所」に向けて何をするのかではなく、「自立」に向けてどう取り組んでいくのかが重要であり、それを具体的に計画化していくことで、当事者が自ら取り組むべき課題を明確にしていくことができる。退所は自立支援の過程における支援結果のひとつでありそれ自体が支援目標ではないため、「退所」を「自立」と同義に扱ってはいけない。

　入所から退所、自立に至る過程を整理すると図3-7のとおりとなる。入所中の支援（インケア）では、入所者が退所までに解決したい事項が支援の主課題となる。ただし、すべての問題を入所中に解決・改善できるわけではないため、十分に解決・改善できなかった問題は退所後の支援（アフターケア）に持ち越される。また、アフターケアの対象はこの他にも、地域生活に移行してから解決すべき問題や地域生活に移行したからこそ新たに発生した問題などが想定される。この入所から退所後の支援に至る一連の一貫した支援が、母子生活支援施設がおこなう自立支援であり、インケア、アフターケアそれぞれに専門的かつ段階的な支援が求められることとなる。

４．自立支援計画の策定と支援のあり方

1）1997年の児童福祉法改正当初における視点と方法

　1997年の児童福祉法改正において母子生活支援施設がおこなう支援の目的に自立支援の概念が付加され、1998年から施行されたことにともない、その

後相次いで母子生活支援施設における自立支援のあり方が示された。

　児童福祉法の改正を受けて児童福祉施設最低基準は第29条に、「母子生活支援施設における生活指導は、個々の母子の家庭生活及び稼動の状況に応じて就労、家庭生活及び児童の養育に関する相談及び助言を行う等の支援によりその自立促進を目的とし、その私生活を尊重して行われなければならないこと[16]」を生活支援に関する項目として設けた。この児童福祉施設最低基準の改正点について1998年2月18日の厚生省児童家庭局家庭福祉課長通知は、「児童養護施設等における児童福祉施設最低基準等の一部を改正する省令の施行に係る留意点について[17]」のなかで、「個々の母子の精神・身体及び日常生活の状況に応じた生活指導の充実に特に留意願いたい」として、「就労」と「家庭生活及び児童の養育」に対する「指導をさらに充実されたい」としている。

　1998年3月5日に厚生省児童家庭局家庭福祉課長通知として出された「児童養護施設等における入所者の自立支援計画について[18]」（以下、「1998年通知」という）では、母子生活支援施設における入所者の自立支援計画について、「入所から退所後までの間の継続的な支援を行うことがもとより必要であるとともに、今回の最低基準の改正を踏まえ、母子家庭の自立支援の観点にたった支援の充実や、福祉事務所、母子相談員（現在の母子・父子自立支援員）、児童家庭支援センター、母子福祉団体、公共職業安定所、児童の通学する学校や児童相談所等関係機関との連絡を推進する観点から、入所者個別の自立支援計画を策定されたい」（括弧内筆者）と述べられている。この計画では、「入所時に福祉事務所、母子相談員等と協議の上、母子自身の意見意向も踏まえて策定」するとともに、定期的に再評価をおこなう必要性を指摘している。その際の注意点として、「母子の問題や短所の指摘にとどまることのないよう留意し、それまでの間の援助が母親の自立及び児童の成長や発達に果たした役割を評価するとともに、援助に関しさらに改善の求められる部分を発見することに主眼を置く」ように促している。これをみると、

自立支援計画への当事者の参加は必須であり、計画に対する取り組みの再評価（モニタリング）は当事者のできていないところを評価（ダメ出し）するのではなく、目標に向けて当事者が取り組んだ過程における支援のあり方（内容や方法など）を評価するものであることがわかる。また、その際には目標に向けて取り組んだ当事者自身のできている部分をストレングス視点で評価することが大切であると考えられる[19]。

　母子生活支援施設における自立支援計画については、2005年4月1日より児童福祉施設最低基準第29条の2に、「母子生活支援施設の長は、前条（第29条、生活支援）の目的を達成するため、入所中の個々の母子について、母子やその家庭の状況等を勘案して、その自立を支援するための計画を策定しなければならない」（括弧内筆者）という条文が付加されて施行された。基準の改正を受けて、2005年8月10日には、厚生労働省雇用均等・児童家庭局家庭福祉課長名で、「児童養護施設等における入所者の自立支援計画について[20]」（以下、「2005年通知」という）が出された。1998年通知と比較すると、児童単独で入所する児童養護施設等に関する記述の見直しがおこなわれているものの、母子生活支援施設に関しては1998年通知とほぼ同様のものとなっている。なお、2005年通知の発効をもって1998年通知は廃止された。

　1997年の児童福祉法改正において、各児童福祉施設の目的に自立支援が付加されたことにともない、児童養護施設等児童が単独で入所している施設については、児童個別の自立支援計画を、「子どもや保護者、児童相談所など関係者と連携を図り、評価の妥当性や信頼性を確保することに留意」しながら、個人単位で策定することが求められてきた。一方、母子生活支援施設においては、「入所者個別の自立支援計画を策定されたい」というものの、当時示されていた資料をみると、策定が求められていた自立支援計画は世帯単位のものであり、個別支援計画と世帯単位の自立支援計画それぞれの策定と、それにもとづいた支援のあり方に言及するものではなかった。

2) 支援計画の策定とその運用

　母子生活支援施設がおこなう支援の方針は、2012年3月に発表された厚生労働省雇用均等・児童家庭局長「社会的養護施設運営指針及び里親及びファミリーホーム養育指針について[21]」のなかの「母子生活支援施設運営指針」によって示された。運営指針では、「アセスメントの実施と自立支援計画の策定」について、

① 　母親と子どもの心身の状況や、生活状況を正確に把握するため、手順を定めてアセスメントを行い、母親や子どもの個々の課題を具体的に明示する

② 　アセスメントに基づいて母親と子ども一人一人の自立支援計画を策定するための体制を確立し実際に機能させる

③ 　自立支援計画について、定期的に実施状況の振り返りや評価と計画の見直しを行う手順を施設として定め、実施する

以上の3項目にわけて考えている。

　この運営方針における自立支援計画策定の特徴は、2005年通知にみられるような個別世帯ごとの自立支援計画ではなく、母と子それぞれ個別に実施するアセスメントと、そのアセスメントにもとづいた一人ひとりの自立支援計画の策定と支援の実施である。実施にあたっては、自立支援計画策定の責任者（基幹的職員等）を設置し、ケース会議による合議のうえで、「支援上の課題」と、「課題解決のための支援目標」と、「目標達成のための具体的な支援内容・方法」について定めるというものである。策定とそれにもとづいた支援の実施後は当事者である母子参加のもと必要に応じて見直しをおこなうとともに、そこで得た知見を他のケースにも応用できるように、施設全体の支援の向上に反映させる仕組みづくりも求められている。

　自立支援計画策定の責任者として位置づけられた基幹的職員について「児童福祉施設基幹的職員研修事業実施要綱」をみると、「児童福祉施設に入所している児童及びその家庭への支援の質を確保するべく、その中心的役割を

担う」職員であることがわかる。「社会的養護の課題と将来像[22)]」では、「ケアの質の向上を図るため、直接ケアに当たる職員のチーム単位で、児童等に対するケアの方針の調整や、ケアチームをまとめる『チーム責任者』」を配置し、「『施設長→基幹的職員→チーム責任者→一般職員』という形で、職員全体が組織として一体的な力を発揮する」ことが求められていた。基幹的職員は全体を統括するスーパーバイザーとしての位置づけにあり、この組織系統を母子生活支援施設における自立支援計画の策定と計画にもとづいた支援の推進に当てはめた場合、その体系は図3-8のようになると考えられる。

　母子生活支援施設の場合、世帯単位の自立支援計画が世帯としての支援の方向性を決定づけるものであるため、「基幹的職員等」スーパーバイザーが担当することになる。ここでは、母子の意向を中心として、職員と相談した世帯としての目標を設定することになる。母子それぞれの個別支援計画は、この世帯単位の自立支援計画で設定した目標に向けて、世帯員一人ひとりが短期的、中・長期的にどのように取り組んでいくのかを、それぞれの担当職員と相談しながら策定したものとなる。その際の「チーム責任者」は、それぞれの対象に応じて母子支援員や少年指導員が担うことになり、必要に応じ

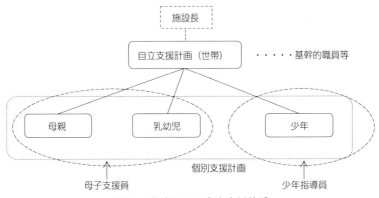

図3-8　想定される自立支援体系

出典：武藤敦士（2013b：113）を一部改変。

て心理療法担当職員等の参加が想定される。

　ここに示したものは母子生活支援施設に自立支援の概念が導入されて以降、社会的養護施設に対する指針等が整備されるなかで求められてきた自立支援体系の一例である。実際にはチーム制、担当制など各施設によって支援体制は様々であり、また、職員の専門性や役職、肩書も様々であることから、すべての施設において同様の組織体系になることはないであろう。ただし、自立支援計画の策定とそれにもとづいた支援の推進にはソーシャルワークの視点や方法が組み込まれていることから、自立支援計画策定の責任者である「基幹的職員等」スーパーバイザーにはソーシャルワークに通じた人物を配置する必要がある。各チームで策定された個別支援計画が世帯単位の自立支援計画と整合性を保っていない場合、「基幹的職員等」スーパーバイザーが中心となって速やかに再アセスメントを実施し、世帯としての自立支援計画と世帯員個別の支援計画を一体性をもったものに調整していく必要があるだろう。そのため、「基幹的職員等」スーパーバイザーには、高度な知識と豊富な経験に裏打ちされたソーシャルワーカーとしての能力が求められる。

　現在の母子生活支援施設にはソーシャルワークに通じたスーパーバイザーの設置に関する規定はなく、『平成28年度全国母子生活支援施設実態調査報告書』では基幹的職員研修を修了した職員を配置している施設は57.9%にとどまっていることから、自立支援に対する組織体制の整備は今後の主要な課題のひとつである。

3) 自立支援計画にもとづいた支援のあり方

　自立支援計画の策定に当事者の主体的な参画は欠かせない。なぜならば、当事者自身が計画にもとづいた問題解決の主体だからである。自らが抱える問題をアセスメントし、その解決・改善の方法を職員とともに考える過程がすでに自立支援なのである。自立支援計画とは職員が当事者に問題解決をさ・せる計画ではなく、当事者が自らの問題を計画的に解決・改善するために立

案するものあり、策定の過程において当事者自身が出来ることと出来ないこと（自助の限界）を明確化し、そのうえで施設に対して専門的な支援を要請していくものである。そのため、当事者が抱える問題に対して施設はどのような支援が可能か、職員は立案の段階で具体的な支援内容を明示しなければならない。

　母子生活支援施設に入所する世帯の多くは、入所時には精神的、肉体的、さらに経済的にも落ち着かず、目先の生活を安定させることが優先課題となる。この時点での世帯の生活目標は短期的なものが主となるため、中・長期的な世帯の生活目標というものは非常に漠然とした、おぼろげなものとなろう。入所世帯にとって長期的な自立目標というものは一定のものではなく、抱えている生活問題の解決・改善とともに徐々に明確化していくものである。

　本研究では、母子生活支援施設が自立支援計画を用いておこなう入所から退所後の支援（アフターケア）に至る一連の一貫した支援を、図3-9のように三つの時期に分けて考えた。

　第1期は入所後、心身の健康の回復、生活の再建、離婚など入所中に解決すべき課題に対し、短期的な見直しを繰り返していくことで、自らの達成状況と支援の有効性を確認しながら、生活問題の解決・改善に段階的に取り組んでいく時期である。現在、母子生活支援施設がおこなっている支援の多くはここに位置づくであろう。

　第2期は、施設生活のなかで解決すべき課題への取り組みが進み、解決・改善した段階であり、施設生活を継続する理由がなくなり、具体的な退所先の地域、住宅の選定に入る段階である。退所への計画を立てることにより母子の負担や不安を軽減し、スムーズに地域生活に移行できるように支援することが大切である。施設近隣への退所ケースばかりではないので、退所後の支援方法についても十分に話し合っておく必要がある。近年、入所期間の短期化にともない第1期に十分な問題解決ができていないケースもあるため、

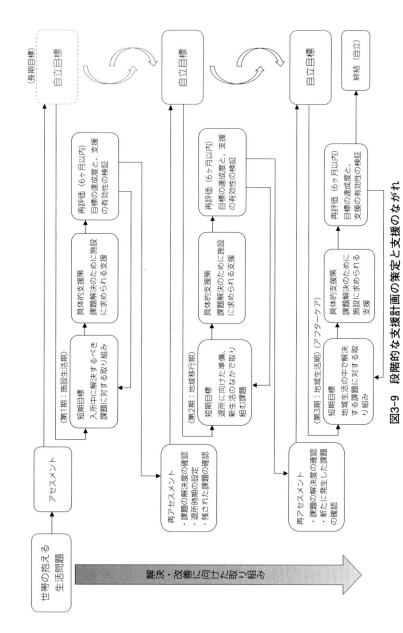

図3-9　段階的な支援計画の策定と支援のながれ

出典：武藤敦士（2013b：119）。

114

どのような問題をどの程度残しているのかを確認しておく必要も出てくるであろう。

　第3期は退所後の、地域に出てからの支援であり、アフターケアに位置づく。残された課題の解決・改善に加え、地域に出たことによる新たな課題の発生も予測されることから、施設による直接的な支援だけでなく、母子・父子自立支援員や民生委員・児童委員などと協働した間接的な支援が求められる。そのため、母子・父子自立支援員や民生委員・児童委員、さらには子どもの就園、就学先の教職員等とのネットワークを構築しておく必要がある。地域生活が安定すれば、施設による支援は終結に向かう。どのタイミングで終結するかは個別ケースごとに考える必要があるが、終結の要件と時期を計画のなかに盛り込むことにより、支援が終結することに対する母子の不安を軽減することができる。このように、終結までの一連の過程を支援計画のなかで当事者と確認しておくことが必要である。

　以上のような母子の自立に向けた一連の一貫した支援は、入所から第1期、第2期、第3期を経て終結へ向かう過程のなかで、各段階に明確な境界があるわけではない。緩やかな連続性をもって世帯の目標とする自立に向けて移行していくものと捉えられる。長い時間をかけて母子の安心で安全な地域生活の実現に向けて段階的に取り組んでいくことが自立支援であり、そこには当事者の焦りを受けとめ、落ち着きを促し、または当事者をエンパワメントし、目の前の課題に一つひとつ落ち着いて取り組めるように支援する専門職の存在が欠かせない。

　この、一連の一貫した支援における評価（モニタリング）では、母子の問題や短所の指摘ではなく、施設がおこなってきた支援の評価と改善点の発見を目的とする必要がある。当事者の出来ていないところに焦点化するのではなく、当事者の出来ている部分を評価するとともに、施設が実施した支援がどの程度有効に機能したのかを当事者とともに評価することにより、次の計画立案に進むことが可能となる。入所中の支援に対する当事者の評価は施設

のもつ専門性に対する評価でもある。入所中の支援に対する評価が低ければ、施設で生活する意義が見いだせないばかりでなく、場合によっては問題が解決していないにも関わらず早く退所したいという動機づけにもつながってしまう。そのような場合、当然、退所後も引き続き支援を受けようとは思わないであろう。第１期、第２期における専門的な支援に対する当事者の評価があってこそ、第３期の支援が有効に機能するのである。

第３節　母子生活支援施設における退所後の支援（アフターケア）のあり方

１．アフターケアの必要性

　地域における母子世帯について、「平成18年度全国母子世帯等調査結果報告」では76.9％の世帯が悩みを相談する相手がいると回答している。その内訳をみると、親族（66.1％）、知人・隣人（29.6％）などインフォーマルな相手をあげている世帯が95.7％と非常に高いのに対し、母子自立支援員等（0.5％）、公的機関（1.2％）などフォーマルな相手に相談している世帯は極めて少なく、地域で生活する母子世帯がフォーマルな社会資源と関わっていない現状を表している。「平成28年度全国ひとり親世帯等調査結果報告」においても80.0の世帯が相談相手がいると回答しているが、親族（61.9％）、知人・隣人（33.3％）などインフォーマルな社会資源が95.2％と相変わらず高く、母子・父子自立支援員等（0.4％）、公的機関（1.5％）などフォーマルな社会資源との関りは低いままである。

　より専門的な知識を必要とする養育費や面会交流に関する母親の相談相手について「平成28年度全国ひとり親世帯等調査結果報告」をみると、養育費については親族（47.7％）、知人・隣人（9.9％）などインフォーマルな相談相手が半数を超えているものの、家庭裁判所（17.1％）、弁護士（15.7％）な

ど専門機関を利用するケースも 3 割程度みられる。面会交流に関する相談についても同様に、親族（50.8%）、知人・隣人（10.0%）が半数を超えているが、家庭裁判所（18.1%）、弁護士（14.1%）など専門機関を利用する母親も 3 割を超えている。このように、相談の内容によって母親自身がある程度相談相手を選別していることが確認できる。

　しかし、多くは親族や知人・隣人等専門的な知識・技術をもたないインフォーマルな社会資源への相談にとどまっているとともに、養育費では45.5% の母親が、面会交流では61.9% の母親が誰にも相談していないことにも注意が必要である。

　「平成18年度全国母子世帯等調査結果報告」、および「平成28年度全国ひとり親世帯等調査結果報告」からは、地域で生活する母子世帯がフォーマルな社会資源とつながりにくいことがうかがえる。そのため、施設退所が明確化した段階で母子を退所先のフォーマルな社会資源にしっかりとつなげるとともに、その関係性を維持できるような退所後の支援（アフターケア）が必要となる。

　入所世帯のフォーマルな社会資源とのつながりについて、『平成28年度全国母子生活支援施設実態調査報告書』では入所時→入所中→退所時における主な連携機関を調査しているが、母子・父子自立支援員との連携は、31.2%→26.2%→32.6% と、退所時においても入所時と大差なく全体の半数にも満たない。民生委員・児童委員については、2.7%→4.5%→11.3% と退所時に向けて連携の強化は図られているがその数値は極めて低い。入所を司る福祉事務所（95.9%→85.1%→94.1%）、子どもの教育や支援に関係する学校等教育機関（57.9%→77.4%→67.0%）や児童相談所（37.6%→36.2%→43.9%）に比べると、母子・父子自立支援員や民生委員・児童委員との連携率の向上が今後の課題であることがわかる[23]。

2．母子生活支援施設におけるアフターケア

　母子生活支援施設は、2004年12月に公布された「平成16年法律第153号児童福祉法の一部を改正する法律」によって、従来の保護機能、自立支援機能に加えてアフターケア機能が求められるようになった。アフターケアは図3-7に示すとおり、母子生活支援施設を退所した後の支援である。全母協は2007年4月25日に制定した「全国母子生活支援施設協議会倫理綱領」でアフターケアについて、「母子生活支援施設は、母と子の退所後も、地域での生活の営みを見守り、関りを持ち、生活を支えることをめざします」と定めた。しかし、この倫理綱領は母子生活支援施設が取り組むべき支援の理念を定めたものであり、具体的な支援の内容・方法については言及していなかった。

　アフターケアの必要性は児童福祉法の改正によって新たに提起された問題ではなく、実は母子寮時代よりたびたび指摘されていた。特別研究委員会報告（1979：38）は、「アフターケアがなければ、在寮時の折角の指導援助も水泡と帰す結果となる」と、この時期すでにその重要性に注目していた。これは、施設退所が必ずしも「自立」とは同義ではないという理解のもとに、経済的な自立支援はもとより、退所後の母子の精神的な拠りどころとして、継続した支援が母子の自立に不可欠であることを示唆したものであった。その方法は、母子寮の職員が退所後の母子世帯に対して、退所先の地域の民生委員・児童委員や母子相談員（現在の母子・父子自立支援員）と連絡をとりながら指導援助をすすめていくというものであり、アフターケアの役割を担う中心的職員として「母子の抱えている問題を把握し、それに対応し問題解決にあたる母子処遇の中心的職員」である生活指導員（現在の母子支援員）を位置づけていた。これからの母子寮のあり方委員会（1989）も、入所中の母子の指導援助、退所後の母子に対するアフターケアの効率化のために、母子寮と母子相談員の連携と相互協力の必要性を指摘していた。

　これら先行研究の指摘にもあるように、母子生活支援施設では入所中の支援を退所後も継続していくことで、支援の有効性をより高める効果が期待されるとともに、退所した母子の自立を促し見守るための方法として、地域で母子の生活を支える母子・父子自立支援員や民生委員・児童委員などの社会資源と、退所を具体的に考えはじめた時期からの連携や協働が必要であると考えられる。さらにこれは、退所した母子世帯が再び生活問題を抱えた際に、地域でそのまま潜在化していかないように予防する機能でもある。

3．アフターケアの位置づけ

　アフターケアは母子生活支援施設を退所した世帯に対する、退所後の支援である。山辺朗子（2007：4）は、ソーシャルワーク終結後のフォローアップをアフターケアとして位置づけていた。これは、入所中に解決出来なかった問題が地域生活へ持ち越されたためにアフターケアが必要になるという考え方であり、本来であれば施設生活のなかで解決されるべき問題への支援である。

　しかし、実際には退所自体が母子にとっては大きな環境の変化であり、退所先によってはこれまでの日常生活や職場での人間関係、学校や地域での友人関係など生活にかかる社会関係の大半を、退所先の地域で新たに構築しなければならなくなる。施設や親族との距離が離れれば離れるほど、抱える不安も大きくなろう。転職や転校によって、母子に新たな問題が生じる可能性も考えられる。社会保障サービスを受給するために、行政機関等との関係構築も求められる。母親の加齢や児童の成長とともに新たな問題が生じたり、子どもの進学とともに新たな経済的負担が生じる可能性も考えられる。そのため、アフターケアは退所後のフォローアップにとどまらず、場合によってはインケアと同水準の支援が求められることもある。

　退所後の地域生活においても個別支援課題の設定と、段階的な自立支援計画の策定が必要になるため、本研究では図3-9に示すとおり第3期に位置づ

けた。アフターケアは施設をはじめ、地域の社会資源とどのように連携しながら安心で安定した地域生活を営んでいくのかを、目にみえる形で計画化し、その実行を通して当事者である母子の安心感と自己肯定感を育んでいく取り組みである。また、退所後の時間の経過とともに施設との関係が希薄化しないように、見守り態勢の継続についても確認しておく必要がある。

「全国母子生活支援施設協議会倫理綱領」におけるアフターケアは2017年5月12日に、「私たちは、母と子の退所後をインケアからアフターケアをつなぐため、退所計画を作成し、アウトリーチするとともに、地域の社会資源を組み込んだネットワークによる切れ目のない支援を提供することをめざします」と改定された。これにより倫理綱領にも、アフターケアに向けた退所計画の作成、アウトリーチによる退所後の直接的な支援、地域のネットワークによる間接的な支援という具体的な支援のあり方が明確に示された。

4．アフターケアにおけるアウトリーチの重要性と課題

1）アウトリーチの重要性

退所した母子世帯に対する支援において、すでに関係性のできている母子生活支援施設の職員が直接的に関わる意義は大きい。ケースによって関りの内容や頻度に違いは生じるが、退所後に何の関係性も持たないという選択肢は考えにくい。もしそのような結果があるとすれば、入所中の関係性の構築が不調に終わったケースであり、入所中の支援がすでに失敗している場合であろう。入所中に良好な信頼関係を築いており、入所中に実施した専門的な支援に信頼を得ているのであれば、退所後の関りを母親の方から一方的に断絶するとは考えにくい。

入所している母子世帯が退所し、安心で安全な安定した地域生活に移行していくためには、地域の社会資源とのネットワーク構築など地域生活にソフトランディングするための体制を退所前から準備しておく必要がある。それに加え、施設が母子との関係性を維持しながら伴走的な支援を実施すること

により、母子の不安を軽減しスムーズな地域生活への移行を実現することができる。すでに関係性の構築された施設職員による訪問は、地域生活移行後に関係性ができた行政職員等による訪問よりも、地域生活での悩みや困りごとを吐露しやすい状況にあることは容易に想像できる。また、行政職員等による訪問に施設職員が同行することにより、新たな信頼関係の構築を後押しすることも可能である。

　アウトリーチによる生活の場における支援のメリットとして、言葉のやり取りのみによる電話相談ではわからない地域性や生活状況の把握が、訪問者の五感を使って可能であるということも指摘できる。母子の生活の場に実際に訪問することにより、母子が感じている不安の解消や課題の解決・改善だけでなく、当事者が気づいていない問題を見つけやすいという利点もある。母子の生活状況に応じた訪問が可能であり、当事者がもっとも相談しやすい時間に対応することができる。

2）アウトリーチの課題

　「平成28年度全国ひとり親世帯等調査結果報告」では、地域で生活する母子世帯の母親の81.8%が何らかの形態で就労している。就労している母親の帰宅時間帯をみると、18時以前に帰宅している母親は34.7%にとどまり、18時〜20時が43.3%と最も多くなっている。母子生活支援施設を退所した母子世帯の母親の多くも何らかの形態で就労することが予測されるため、同調査と同様の傾向となろう。

　母子の生活時間に対応した電話や訪問には、母子の生活実態に応じた相談・支援体制の整備が不可欠である。しかし、母子生活支援施設の勤務実態をみると、多くの施設で平日の日中がもっとも人員が充実しており、夜間や週末は平日ほどの人員配置ができていない。行政の窓口業務も同様に、平日の日中のみ稼働しているところがほとんどである。母子世帯とフォーマルな機関がつながらない理由のひとつがここにある。

　退所した母親が就労や子育てをしながら、職員が多い平日の日中に施設を

訪問することは容易ではない。そこで必要になるのが、アウトリーチである。退所後の母子との関係を希薄にしないためには、母子からのアプローチを待つのではなく、施設側からの積極的な関わりが重要となる。就労や子育てによって、または遠隔地への退所によって施設になかなか来ることができない母子に対し、施設がおこなうアウトリーチは有効である。『平成28年度全国母子生活支援施設実態調査報告書』によると、退所した母子世帯に対して何らかの相談・支援をおこなっている施設は90％にのぼるが、その多くは電話による相談・支援である。職員による訪問を実施している施設は56.8％にとどまっている。アウトリーチを可能とする支援体制の整備は、今後の母子生活支援施設に課せられた課題である。

　アウトリーチの必要性が指摘されているにも関わらず、実施する施設数が伸び悩む一因に職員配置の問題がある。その背景として、母子生活支援施設が措置費によって運営される施設であることが指摘できる。措置費は入所を決定した各自治体より入所世帯の人数に応じて払い込まれるものであるが、インケアのみを対象として支払われるため、退所後の支援にかかるすべての経費は施設の持ち出しとなる。アウトリーチを担当する職員の確保やかかる費用の捻出は、施設の悩みの種であろう。母子が生活する場で面接することを前提とした場合、一人での訪問は（細心の注意を払っていたとしても特に男性職員の場合は）避けたいところであるが、女性を含めた二名体制で訪問するとなるとなおさら実施の困難性は高くなる。

　さらに、職員定着の問題も退所後の支援に大きく影響する。すでに関係性が構築された職員が訪問するからこそアウトリーチは有効に機能するのであり、入所中に関わったことのない職員が訪問してきても、母子が簡単に心情を吐露するとは考え難い。人材育成とともに職員の定着を目指し、長期に継続して勤務できる職場環境を整備することも母子生活支援施設に課された重要な課題である。

5．アフターケアの可能性

　母子生活支援施設は様々な問題を抱えた母子が入所しており、集合住宅形式で密接な人間関係のなかで生活しているため、障害特性等何らかの要因により他害性の強い母子や依存性の強い母子が入所した場合、当事者間のトラブルや職員と母子の間でのトラブルがしばしば起きる。一旦このようなトラブルが発生すると、当事者母子だけでなく入所している他の母子の状態も不穏になり、支援にあたる職員の負担も増加する。

　退所後の支援（アフターケア）の充実は、このような母子に対する新たな支援のあり方を示唆する可能性を秘めている。インケアを信頼関係の構築と最小限すべきケアにとどめ、残りのケアをアフターケアで行なうことにより、母子への過度なストレスを軽減することが可能となるとともに、職員も良好な関係性を維持しながら適度な距離感をもって支援にあたることができる。現行の支援はインケアが大半を占めており、アフターケアは補足的な位置づけにある。しかし、アフターケアにおける支援体制が充実すれば、インケアの相当部分をアフターケアに移行することも可能になる。

　アフターケアにおける支援体制の充実は、母子の状態に応じた支援の選択肢を増やし、より個別性に配慮した支援を実現することができる。そのために、母子生活支援施設におけるアフターケアのあり方に関する研究と実践の積み重ねが今後の課題となろう。

おわりに

　母子生活支援施設における自立支援に関する研究はいまだ散見される程度であり、研究と実践の蓄積が十分とはいえない。自立概念の共有化が図られていないばかりでなく、闇雲に母親の経済的自立を求めるパターナリズムに支配された施設も未だに見受けられる。そのなかで、本章では自立を退所後

の地域生活のなかでこそ達成されるものとしてとらえ、自立支援を三つの時期に分けて考えることを提唱した。

　入所中の支援（インケア）が母子の地域生活に向けて重要な意義をもつことはすでにどの施設も理解しているが、母子が抱えるさまざまな問題の解決・改善が入所中だけで達成できるものではないばかりか、退所後に新たに発生する問題もあることから、退所後の支援（アフターケア）が母子の安心で安全な安定した地域生活には欠かせないことを指摘した。また、その際には母子が生活する場に訪問して相談・支援するアウトリーチが有効であると指摘した。

　アウトリーチは退所後の支援（アフターケア）に有効なだけでなく、地域支援にも応用が可能な支援方法である。アフターケアと地域支援は、支援の対象を施設の外に求めるという共通性がある。アフターケアが退所母子だけを対象としているのに対し、地域支援は対象を地域で生活するひとり親世帯、もしくは子育て世帯全般と、広い範囲でとらえ、施設が有する支援機能を活用して支援するものである。アウトリーチはこの両者に共通する最も有効な支援方法であると考えられる。

　母子生活支援施設に関する実践と研究は今後、アウトリーチによる実践の成果を蓄積し、それを分析して有効性を明らかにし、退所後の支援（アフターケア）としてのアウトリーチの拡充を図るとともに、それを可能とする体制づくりを実現するために各施設が協働して政策主体に制度化を求めて働きかけていく必要があるだろう。

注釈

1）　田宮遊子（2019：36-37）はその解決方法として、「最低賃金の引き上げが貧困リスクの低減につながる可能性がある」と指摘している。
2）　2003年 4 月の実施当初は「母子家庭自立支援給付金事業」として、母子世帯の母親のみを対象として実施されていたが（平成15年 6 月30日雇児発第0630009号厚生労働省雇用均等・児童家庭局長通知「母子家庭自立支援給付金事業の実施について」）、2013年 4

月1日より父子世帯の父親も同事業の対象とされた（平成25年5月16日雇児発0516第7号厚生労働省雇用均等・児童家庭局長通知「母子家庭等自立支援給付金事業の実施について」）。さらに、母子及び寡婦福祉法が父子世帯も対象とした母子及び父子並びに寡婦福祉法に改正され、2014年10月1日に施行されたことにともない、同事業も「母子家庭自立支援給付金及び父子家庭自立支援給付金事業」に改称された（平成26年9月30日雇児発0930第3号厚生労働省雇用均等・児童家庭局長通知「母子家庭自立支援給付金及び父子家庭自立支援給付金事業の実施について」）。

3）　厚生労働省（https://www.mhlw.go.jp/stf/seisakunitsuite/bunya/0000062986.html、2019.12.12）。

4）　百円以下を切り捨てて表示した。

5）　実際には、資本主義社会において労働者に支払われる賃金の額は、資本によって常に労働力の価格以下に切り下げようとする圧力にさらされており、貧困化の大きな要因となっている。

6）　児童養護施設等の社会的養護の課題に関する検討委員会・社会保障審議会児童部会社会的養護専門委員会（2011：15）『社会的養護の課題と将来像』。

7）　社会福祉法人みおつくし福祉会東さくら園（2009：16-27）『母子生活支援施設における就労支援の現状と課題―東さくら園就労実態調査から―』。

8）　同上、35-36。

9）　同上、90-92。

10）　先行研究においても、「経済問題は、母子家庭が世帯として機能し自立していく上で最大の生活問題」（田中チカ子、1998：210）であり、「実際には一番の退所の課題は、経済的自立と思われる」（流石智子、1998：40）と、その重要性と達成の困難性が指摘されている。

11）　桜井啓太（2017：126）はこの「周辺」について、「『自立支援』が語られる時に『他の何とともに語られているのか？』、『どのような形式で語られているのか？』、『それは何につながっているのか？』といった観点からの分析である」と説明している。

12）　生活保護における「自立」の捉え方の変遷については、大友信勝（2013）を参照のこと。

13）　社会福祉法人全国社会福祉協議会・全国母子生活支援施設協議会は、母子生活支援施設の倫理綱領において、「基本理念」、「パートナーシップ」、「自立支援」、「人権侵害防止」、「運営・資質の向上」、「アフターケア」、「地域協働」の7項目を、「母と子および地域社会から信頼される施設として支援を行う」ために制定した。

14）　「策定の経緯および各項目の内容と考え方について」（http://zenbokyou.jp/ethic/development.html#06、2019.4.26.）。

15）　私たちのめざす母子生活支援施設（ビジョン）策定特別委員会（2015：17-18）「私たちのめざす母子生活支援施設（ビジョン）報告書」（http://zenbokyou.jp/outline/pdf/siryou_vision.pdf、2019.5.4.）。

16)　平成10年 2 月18日、厚生省大臣官房障害保健福祉部長、児童家庭局長「児童福祉法施行令等の一部を改正する政令並びに児童福祉施設最低基準等の一部を改正する省令及び児童福祉法施行規則等の一部を改正する省令の施行について」。

17)　平成10年 2 月18日、各都道府県・指定都市・中核市民生主管部（局）長宛、厚生省児童家庭局家庭福祉課長通知、児家第 6 号。

18)　平成10年 3 月 5 日、厚生省児童家庭局家庭福祉課長通知、児発第 9 号。

19)　後述の「母子生活支援施設運営指針」のなかでも「支援を担う人の原則」として、「孤独感や自己否定からの回復のため、人は本来回復する力をもっているという視点（ストレングス視点）に基づいた支援を行い、母親のエンパワーメントへつなげることが必要である」と指摘されている。

20)　平成17年 8 月10日、各都道府県・指定都市・中核市民生主管部（局）長宛、雇児福発第0810001号。

21)　平成24年 3 月29日、各都道府県知事、指定都市市長、中核市市長、児童相談所設置市市長宛、雇児発0329第 1 号。

22)　児童養護施設等の社会的養護の課題に関する検討委員会・社会保障審議会児童部会社会的養護専門委員会とりまとめ（2011）「社会的養護の課題と将来像」。

23)　『平成28年度全国母子生活支援施設実態調査報告書』、79-81。

第4章

ドイツの母と子の家（Haus für Mutter und Kind）にみる母子世帯支援

はじめに

　母子生活支援施設は日本特有の施設であり、先行研究や業界団体の視察先などをみても、類似の目的、役割・機能をもった施設は、ドイツやスイスの "Haus für Mutter und Kind（母と子の家）"、アメリカの "ALPHA HOUSE of Tampa[1]"、バングラデシュの "マハムニ母子寮[2]" などごくわずかである。この中でも、ドイツの "Haus für Mutter und Kind" は、「きくところによると諸外国には母子寮というものは殆んどなく、わずかに西ドイツに仕事がない母子を収容して、母親が就職すると退寮する母子寮があるだけだそうである」（川村あい子、1962：52）というように、古くよりその存在が知られていた。しかし、その詳細について今日までほとんど明らかにされることはなく、日本の母子生活支援施設における支援に対して示唆を与えることはなかった。そこで、本章ではドイツにおける「母と子の家」の詳細を明らかにし、そこから得られた示唆を日本の母子生活支援施設における母子世帯支援にどのように応用できるか考えていきたい。

第1節　ドイツの財政と社会保障改革

　戦後ドイツの社会保障政策を古瀬徹（1999：4）は、「一方の極に北欧型
の普遍的モデルを、他方の極にアメリカ型の市場優先モデルを対置するスペ
クトルム」とした場合、「両極の中間形態として社会保険システムによる社
会保障制度の体系をもつ国々」のひとつにドイツを位置づけており、「その
典型」としている。日本についても、「両国とも、健康保険制度や公的年金
制度の例にみる通り、社会保険システムを基盤とし、国民の経済的な階層区
分に応じて制度が分立しているという点において国際的には類似のグループ
に属する」と、ドイツと同様に位置づけている。最近の動向をみると、両国
ともにワークフェア政策を展開しているところに共通点がみられるが、そこ
に至るそれぞれの背景は異なる。ここではドイツがワークフェア政策を展開
するに至った経緯と内容、その特徴についてみていきたい。

1．ドイツの財政

　1990年代以降、日本ではバブル崩壊と1989年4月の消費税導入を背景に累
進税率と法人税率が引き下げられ、それ以降財政赤字が増大していった。一
方でドイツも同時期、東西ドイツの統一（1990年）を背景に、旧東ドイツ地
域の再建のための財政支出の増加により財政赤字は大幅に拡大していた。と
ころがその後、日本の財政赤字が拡大する一方で、ドイツは図4-1のように
リーマンショックによる全世界的な落ち込みの後、黒字に転じている。

　両国の財政状況を一般政府歳入（General government revenue）、一般政
府歳出（General government spending）、一般政府債務（General govern-
ment debt）に着目して比較すると、図4-2のようになる。これをみると、
両国の財務体質の違いは歴然としている。ドイツでは東西ドイツの統一以
降、シュレーダー（Gerhard Fritz Kurt Schröder）政権下で推し進められ
た、「急速に増大した財政赤字の再建を目標に、年金改革をはじめとする福

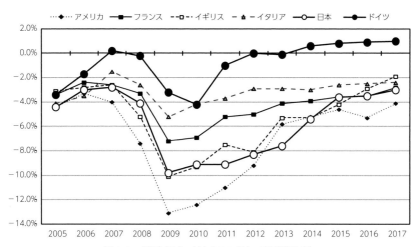

図4-1　財政収支（対 GDP 比）の国際比較

※出典：OECD（https://data.oecd.org/gga/general-government-deficit.htm、2019.7.20）

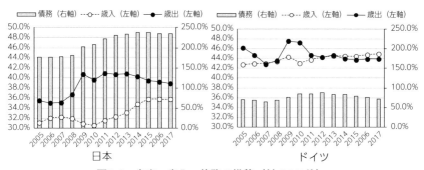

図4-2　歳出、歳入、債務の推移（対 GDP 比）

※出典：OECD（https://data.oecd.org/government.htm、2019.7.20）

祉国家改革」（魚住明代、2014：15）によって、日本のように膨大な借金を抱えることなく財政健全化に成功した。

２．社会保障改革

　シュレーダー政権下で推し進められた構造改革では、①労働市場改革、②年金改革、③医療制度改革が同時並行的に実施された。季武雅子（2017：

28-29）はこれらを以下のように整理し、「2006年以降の失業率の大幅な回復」や「社会保障関係支出対 GDP 比の抑制」など「今日のドイツの経済成長と財政運営を支える屋台骨を築いたとして、現在評価されている」と述べている。

① 労働市場改革

競争力強化と財政支出削減を目的として、就業促進を図り、失業給付について支給期間の大幅な短縮（最長32ヶ月→原則12ヶ月）や就労支援を拒否した場合の給付額カット、解雇・有期雇用制限の緩和・撤廃を実施した。

② 年金改革

雇用の確保を目的として、労働者の賃金に定率で賦課されていた社会保険料を削減し、労働者１人当たりに必要な雇用主のコストを抑制。これにより、公的年金の給付水準は引き下げられたが、私的年金制度の導入等を行い、引下げ分を補えるようにした。

③ 医療制度改革

過剰診療を防止し、医療コストの上昇を抑制するため、従来自己負担のなかった外来診療診察料を導入し、さらに薬の処方１回につき５〜10ユーロ、入院１日につき10ユーロ等の定額負担を導入した。

この改革の特徴を魚住明代（2014：15）は、「社会保障における自由主義的な構造改革を行い、積極的労働市場政策への転換が図られた」、「国際的な産業競争力を維持するために企業への規制緩和を行い、低所得者の最低生活水準は保障する一方で、失業給付の削減や給付期間の短縮を行い就労を促進した」と指摘している。同時期日本でも同様にワークフェア政策が展開されていたが、日本の場合はまず就労ありきのワークファーストモデルであったことから、「低所得者の最低生活水準は保障する」という点に違いがみられる。

ドイツの積極的労働政策について布川日佐史（2003：274）は、「『積極的労働市場政策（Aktive Arbeitsmarktpolitik）』から、新たに『活性化する労働市場政策（Aktivierende Arbeitsmarktpolitik）』へ転換するというもので

ある」と説明している。ここにおける“活性化”とは“activation”を指しており、「活性化政策は、従来の福祉政策に関わる政策体系だけではなく、雇用政策と福祉の分野にまたがる政策領域を広く包み込むもの」（布川日佐史、2002：120-121）ととらえている。生活困窮者に対する支援を、所得保障ではなく就労支援の強化によって実現しようとするワークフェア政策のことであるが、「失業により所得が減少して貧困に直面しても、何らかの給付をうけ、最低生活水準以下で暮らすことは避けられるというのがドイツの現状」であり、「失業者およびその家族が貧困状態にあるというのは、失業扶助や社会扶助を受給している状態のことであり、何の給付もなしに最低生活水準以下の生活を余儀なくされているという状態のことではない」という布川日佐史（2002：121）の指摘が、ワーキング・プア問題を解消しないまま推進されている日本のワークフェア政策との違いを明確にしている。森周子（2012：82）が「就労しながら失業手当Ⅱ（後述）を受給する者」を「上乗せ受給者（Aufstocker）」とし、「ワーキング・プアとほぼ同義」とするのに対し、日本のワーキング・プアは働いても十分な収入を得られておらず、加えて十分な所得保障も受けられていない。

3．ハルツⅣ法と失業手当Ⅱ

　2000年代前半にドイツで実施された積極的労働市場政策は、2002年初頭に発生した連邦雇用庁による不祥事に端を発する[3]。連邦雇用庁の業務内容と組織の抜本的な改革を目的として、フォルクスワーゲン社の役員であったペーター・ハルツ（Peter Hartz）を長とする15人で構成された労働市場における現代的サービスのための諮問委員会（通称、ハルツ委員会）によって、労働市場サービスの現代化に向けた一連の法律（Ⅰ.～Ⅳ. Gesetze für moderne Dienstleistungen am Arbeitsmarkt、現代の労働市場におけるサービスのための第Ⅰ～Ⅳ法、通称ハルツⅠ～Ⅳ法）が取りまとめられた[4]。この中でも2003年12月に制定し、2005年1月に施行されたドイツの求職者生活保障制度「現代の労働市場におけるサービスのための第Ⅳ法」（以下、「ハル

ツⅣ法」という）は「ワークフェア政策を実行する内容となっている」（近藤理恵、2010：82）として、制定前より日本でも注目を集めていた[5]。

　ハルツⅣ法施行前のドイツでは、失業手当の受給資格を満たす失業者は、保険料を財源とする社会法典第3編（SGB Ⅲ、日本の雇用保険法に相当）にもとづく失業手当（Arbeitslosengeld）を受給していた。失業手当の受給期間終了後は、同法にもとづく失業扶助（Arbeitslosenhilfe）を年金受給開始年齢まで受給することができた。これは連邦の負担によるものであり、受給には資産調査を必要とした。失業手当の受給資格を満たさない失業者、その他の生活困窮者は連邦社会扶助法（Bundessozialhilfegesetz、BSHG、日本の生活保護法に相当）にもとづき、地方自治体の負担による社会扶助（Sozialhilfe）を受給していた。失業扶助と社会扶助は実施機関が異なるため、「就労への参入と給付とを効率的に関連づけることができていないという事情」や、失業扶助があることが「勤労意欲を失わせているといった事情がある」など、「二つの租税を財源とした社会保障システムを併存させることは様々な点から非効率であると評されることがあった」ことが、ハルツ改革における制度の見直しにつながったとされている[6]。

　ハルツⅣ法の特徴は「失業扶助と社会扶助の統合」といわれており、SGB Ⅲにもとづく失業扶助を廃止し、それに代わり、社会扶助の一部と失業扶助とを統合した失業給付Ⅱ（Arbeitslosengeld Ⅱ）や社会手当（Sozialgeld）という新しい給付制度を創設した。ハルツⅣ法施行後、SGB Ⅲにもとづく失業手当の受給資格を有する失業者は、まず保険料を財源とする失業手当Ⅰ（Arbeitslosengeld Ⅰ）を受給し、受給期間終了後も収入が一定以下である場合は、資産調査を経て社会法典第2編（SGB Ⅱ）にもとづいて連邦が負担する社会扶助と同水準の失業手当Ⅱ（Arbeitslosengeld Ⅱ）を受給することとなった。また、失業手当Ⅰの受給資格を持たない者も稼得能力をもち、かつ、収入が一定以下である場合は、失業しているか否かを問わず求職者（Arbeitssuchende）とみなされ、資産調査を経て失業手当Ⅱを受給できるようになった。

　森周子（2012：83）は失業手当 II の特徴を、①稼得能力をもつ者で収入が一定以下である者を広く対象としていること、②資産調査の基準が生計扶助のそれよりもゆるやかなこと、以上二点から「普遍主義的な性質を帯びている」と指摘している。稼得能力をもつ者が就労の意思を示すことにより受給できるとともに、それにより給付抑制が可能となることから、季武雅子（2017：30）はハルツ改革における制度の見直しを、「財政負担の軽減のみならず、失業者の勤労意欲を惹起し労働力人口を上げるという、財政再建と経済成長を両立する取組であった」と評価している。森周子（2019：218）もハルツ IV 法について、「就労支援が集中的かつ迅速になされるようになり、失業者数も（良好な経済状況の影響もあり）大きく減少したと評価される」としているが、一方で、「苛烈な就労支援に苦しむ者の存在、失業手当 II の金額の低さ、自治体の裁量給付である再就労給付の質や量のばらつきなどが問題視される」ということを指摘している。ドイツにおけるこれら一連の改革が一定の成果をあげていることは確認できた。しかし、森周子が指摘するように改革には負の側面もある。母子世帯を対象とした場合、ハルツ IV 法が世帯の生活にどのように作用しているのかを確認しておく必要がある。

第 2 節　ドイツにおける母子世帯の現状と支援施策

1．ドイツのひとり親世帯の状況

　齋藤純子（2012：20）はドイツにおいて貧困リスクが高い子どもを、①ひとり親世帯の子ども、②多子世帯（子どもが 3 人以上いる世帯）の子ども、③移民の背景を有する子ども、以上の 3 グループであると指摘している。①と②については日本と共通しているが、③についてはドイツ固有の特徴であろう。この中でもひとり親の貧困率は子どもが 1 人いる状態で46.2％、子どもが 2 人以上で62.2％と非常に高い値となっている。

　魚住明代（2016：18）はドイツのひとり親世帯の 9 割が母子世帯であると

ともに、貧困リスクが高くなる理由として、①公的給付が十分でない、②稼ぎ手が母親ひとりである、③就労が地域の保育事情に左右され易い、等の事情をあげている。さらに、ドイツにおいてもひとり親世帯の母親の７割近くが就労しており、そのうちの４割がフルタイムであるという日本と共通する特徴を明らかにしている。

　独立行政法人労働政策研究・研修機構（以下、「JILPT」という）は、2017年８月に連邦労働社会省（BMAS）が「ひとり親の賃金が最低賃金と同じ水準である場合、フルタイムで働いたとしても、生活に必要な収入を得られない」ことを明らかにしたと伝えている[7]。ドイツでは2015年１月１日に法定最低賃金が時給8.5ユーロで導入され、その後、2017年１月１日に時給8.84ユーロに引き上げられた[8]。連邦労働社会省はこの8.84ユーロでフルタイム労働した場合の月収約1,444ユーロから税金、社会保険料、生活費（必要最低限の食費・衣料費・光熱費（暖房費を除く）、交通費、日用品購入費等）を差し引くと、家賃と暖房費にかけられる金額は残り339ユーロになり、公的な統計で６歳未満の子どもがいるひとり親世帯が必要とする月平均457ユーロをかなり下回ることを明らかにした。６歳未満の子どもがいるひとり親世帯の約９割（87％）が最低レベルの所得階層に所属していることも明らかにしており、ドイツのひとり親世帯の多くが生活に困窮している様子がうかがえる。ドイツ連邦統計局によると2018年の時点で子育て世帯の18.5％がひとり親世帯であり、これは同年の日本の国民生活基礎調査によるひとり親世帯の割合6.8％に比べ３倍近い数値になっている[9]。ドイツでは子育て世帯の５世帯に１世帯はひとり親世帯であり、その多くが生活に困窮している可能性を指摘できる。ここでは、子育て支援施策のなかでも、ひとり親世帯の生活と関係の深い施策を中心にみていきたい。

２．ドイツにおける子育て世帯に対する所得保障の現状

　ひとり親世帯の貧困リスクが高くなることは、日本にとってもドイツにとっても避けられない現実である。ひとり親世帯の多数を占める母子世帯の

母親が就労と子育てを両立するうえで、直面する自助の限界を補完する社会保障の中心は所得保障になるであろう。日本ではひとり親世帯に対する代表的な所得保障制度として、児童手当、児童扶養手当、生活保護がある。このなかでも特に、児童手当と児童扶養手当は日本のひとり親世帯の多くが利用する代表的な所得保障制度である。ここでは、日本の児童手当や児童扶養手当に相当するドイツの所得保障制度についてみていきたい。

　ドイツには子育て世帯に対する基本的かつ普遍的な所得保障制度として、連邦による児童手当（Kindergeld）制度がある。日本の児童手当に相当する制度としてとらえることもできるが、日本の児童手当が家庭等における生活の安定に寄与し、次代の社会を担う児童の健やかな成長に資することを目的としており所得制限限度額が設定されているのに対し、ドイツの児童手当は「子どものいる家庭といない家庭間の負担調整」（厚生労働省、2019b：133）を目的としており、所得の多寡にかかわらず18歳未満のすべての児童を対象に支給される。さらに、教育期間中の子どもについては25歳未満、失業中の子どもについては21歳未満、25歳到達前に障害を負ったことにより就労困難になった子どもについては無期限で支給されるという特徴をもつ。2019年7月1日より第1子、第2子は月額204ユーロ、第3子は月額210ユーロ、第4子以降は235ユーロが支給されている。日本の児童手当に比べ、支給要件、支給対象年齢、支給額すべてにおいて充実している。

　児童手当は"児童控除（Kinderfreibetrag）"と比較して有利な方（節税効果がある方）が採用される仕組みとなっており、所得が増加するとともに児童手当より児童控除が有利となる。児童控除は2019年現在夫婦合計で7,620ユーロであり、その内訳は児童1人当たり年額2,490ユーロ（夫婦の場合4,980ユーロ）の「児童扶養控除」と、年額1,320ユーロ（夫婦の場合2,640ユーロ）の「監護・養育教育控除」となっている。

　これらに加え、ドイツには所得の低い子育て世帯を対象とした"児童加算（Kinderzuschlag）"がある。児童手当の対象者で、両親の所得が900ユーロ（ひとり親の場合は600ユーロ）以上且つ所得上限未満であり、これを受給す

ることにより SGB II にもとづく給付を受けることがなくなる者を対象に、2019年7月1日からは児童1人につき185ユーロを上限として支給されている。

　一方で、ドイツには日本の児童扶養手当のようなひとり親世帯だけを対象とした国家的な所得保障制度は存在していない。近藤理恵（2010：84）はこれに代わる制度として“養育費前払い制度（Unterhaltsvorschuss）”の存在を指摘する。日本の児童扶養手当がひとり親世帯の自立の促進と家庭生活の安定を目的として、就労収入や養育費等の収入が所得制限限度額に満たない場合それを補完するのに対し、ドイツの養育費前払い制度は子を養育しない方の親が支払う養育費が年齢等級において確定される最低扶養料を下回る場合、これを補完する制度である。以前は6歳未満、および6歳以上12歳未満の二段階で金額が設定されており、受給期間も最長72カ月に制限されていたが、2017年7月からは受給期間の制限が撤廃されるとともに、支給対象も18歳未満まで拡大された[10]。2019年7月1日以降は、6歳未満が月額150ユーロ、6歳以上12歳未満が月額202ユーロ、12歳以上18歳未満に対しては月額272ユーロが支払われている。

　日本では2002年に厚生労働省が発表した「母子家庭等自立支援対策大綱」のなかで、「子どものしあわせを第一に考えた養育費確保」が具体的施策のひとつにあげられていた。しかし、「子を監護しない親からの養育費の支払いの確保」が子を監護する親（この場合、ほとんどが母親）の自助努力に委ねられる部分が大きかったことが課題であった。生駒俊英（2019：125-126）によると、ドイツの養育費前払い制度はこの課題に対し、「一度取り決められた養育費の不払いについては、もはや私事としての側面は薄れており、国が後見的に介入すべき問題」として取り組んでおり、「日本において同様の制度を導入するにあたっては、最低扶養料といったこれまでに無い概念を導入する必要性、受給要件を如何に設定するのかといった点、さらにはモラルハザードの心配等さまざまな問題が存在するが、ドイツや同様の制度を有する国々を参考に設計していくことは可能である」として、その可能性

を示唆している。

3．保育制度の整備とドイツにおける女性の位置づけ

　原俊彦（2001：77）はドイツの家族政策を、「手厚い経済的支援と、長く保障された育児休暇制度とパートタイム雇用を中心とした『家族と職業の両立』、ヨーロッパの中でも比較的遅れた保育制度という特徴を持っている」と説明している。

　ドイツにおける保育制度の整備の遅れについては、「ドイツ（特に旧西ドイツ地域）では、日本と同様に、3歳未満の子どもは母親が育てるべきであるという3歳児神話の価値観が強く残存している。そのため3歳児未満の子どものための保育所が不足している」（近藤理恵、2010：10）、「女性の就業が当然であった東ドイツ」に比べて、「かつての西ドイツでは、子どもは3歳になるまで家庭で母親が育てるべきであるという観念が強固であったため、特に3歳未満児のための保育施設の整備が著しく遅れていた」だけでなく、「1990年のドイツ統一後、今日に至るまで、このような保育の東西格差は解消されていない」（斎藤純子、2011：30）というように、旧西ドイツ地域においてこの問題が顕著であることが指摘されている。事実、魚住明代（1999：101）が、「西側では保育制度が未整備であることからフルタイム労働は不可能であるという意識を持つ女性が多い」と指摘しており、近年においても「従来より女性の就業率が高い旧東独地域に比して、旧西独地域の方が保育所の整備が遅れているのが特徴である」（厚生労働省、2019b：133）との指摘がある。

　このような保育制度の整備の遅れの背景のひとつに、ドイツにおける家父長制の影響を指摘できる。古瀬徹（1999：6）はこの点を、「国際比較の視点からドイツと日本に共通する問題と思われるのは、女性の役割分業についての社会的な認識や女性の経済的な位置づけに課題を残していることである」と指摘しており、原俊彦（2001：77）もドイツは、「性別役割分業の解消や、そのための家族政策の変更・施策の追加（たとえば子育てへの父親の

参加を強く促すような刺激）には、あまり高い優先度を与えていない」と指摘している。

　しかし、ドイツでも近年、保育所整備問題を解決するための具体的な施策が展開されている。2004年に昼間保育拡充法（Gesetz zum qualitätsorientierten und bedarfsgerechten Ausbau der Tagesbetreuung für Kinder）を整備し、３歳未満のすべての子どもに無償の保育を提供することを決めた。2008年の児童支援法（Gesetz zur Förderung von Kindern unter drei Jahren in Tageseinrichtungen und in Kindertagespflege）では、2013年７月までに１歳以上３歳未満のすべての子どもの３分の１が公的な保育を受けられるようにすることを地方自治体に義務づけた。さらに、保育所の整備にかかる費用を連邦政府が補助するための第１次投資プログラム「保育資金調達（2008-2013）」が実施されるとともに、これまで３歳以上、就学前の児童に付与されていた保育請求権を、１歳以上の児童に拡大する（2013年８月施行）こととされた。更に、第１次投資プログラムの後継プログラムとして、第２次投資プログラム「保育資金調達（2013-2014）」、第３次投資プログラム「保育資金調達（2015-2018）」が実施され、現在は第４次投資プログラム「保育資金調達（2019-2022）[11]」によって引き続き保育所の量的整備が進められている。

　ドイツでは女性の就労率が上昇するのに対し、今もなお保育所整備が十分におこなわれていないのが現状であり、ドイツの子ども家庭福祉分野における主要課題となっている。特に、就労と子育てを母親一人で担わなければならない母子世帯にとって、保育制度の充実は必須である。

第3節　パリテート母と子の家ミュンヘン（PARITÄTISCHE Haus für Mutter und Kind München gGmbH）の取り組み

　日本国内で確認できるドイツの母子支援組織・施設に関する文献は、それほど多くはない。一例として、2007年にデュッセルドルフ市の福祉団体を訪問した近藤理恵（2010）、2012年にミュンヘン市の施設を訪問した魚住明代（2014）、2012年にライプチヒ市、デッサウ－ロスラウ市の支援組織を訪問した魚住明代（2016）、2012年にケルン市の施設を訪問した公益財団法人資生堂社会福祉事業財団（2013：70-71）[12]などがあげられる。このなかでも、魚住明代（2014）におけるミュンヘン市の「母と子の家」は公式サイト[13]で確認する限り、母親の就労支援について日本の母子生活支援施設とかなり共通した特徴をもっていると考えられることから、2019年8月14日に訪問し、所長（Geschäftsführerin）のジルヴィア・ハニンガー（Silvia Haninger）氏から施設の現状と課題について聞き取りをおこなった。

1．パリテーティッシュ福祉事業団とパリテート母と子の家ミュンヘン

　田中耕太郎（1999：160-161）は、「ドイツの社会福祉や医療の分野においては、人道的あるいは宗教的な理由に基づいて活動している民間の非営利の各種団体を抜きにしては語ることができない」として、代表的な中央団体として、①プロテスタント教会系のディアコニー事業団（Diakonisches Werk）、②カトリック教会系のドイツカリタス連盟（Deutscher Caritasverband）、③労働組合系の労働者福祉団（Arbeiterwohlfahrt）、④無宗派、無党派系の中小団体の集まりであるドイツ・パリテーティッシュ福祉連盟（Deutscher Paritätischer Wohlfahrtsverband）、⑤ドイツ赤十字（Deutsches

Rotes Kreuz)、⑥ユダヤ人中央福祉事務所（Zentralwohlfahrtsstelle der Juden in Deutschland）の6つをあげている。そして、「これらが加盟するドイツ公私福祉連盟（Deutscher Verein für öffentliche und private Fürsorge）は1880年に創設され、社会福祉の分野で大きな影響力をもつ活動を行っている」と説明している。

　今回訪問したパリテート母と子の家ミュンヘンはドイツ・パリテーティッシュ福祉連盟のバイエルン州支局に所属する施設である。ドイツ・パリテーティッシュ福祉連盟の概要については、内閣府（2016）が、「1929年ベルリンで設立された福祉団体であり、ベルリンに総事務局を設置、15州に支局がある。同福祉協会には各福祉分野で専門的な活動を行う協会が加盟しており、その数は現在10,000機関になる。連邦レベルで活動する有名なNPO団体も加盟している。例えば、民間の犯罪被害者支援団体である『白い環（Weisser Ring）』、フードバンク活動に取り組む『ドイツターフェル協会』や『ドイツ子供保護連合連邦協会』、『ドイツガン支援（deutsche Krebshilfe)』も同福祉団体に加盟する協会である」と説明している[14]。

　パリテート母と子の家ミュンヘンは1963年にミュンヘン市が建設した民営施設で、設立と同時にドイツ・パリテーティッシュ福祉連盟のバイエルン州支局に加盟した。施設の運営にかかる費用はすべてミュンヘン市が負担しており、ドイツ・パリテーティッシュ福祉連盟からの資金援助はない。ドイツ・パリテーティッシュ福祉連盟からはサービスの提供を受けており、その一例としてパリテート母と子の家ミュンヘンの公式サイトにも組織的な支援（Gruppenangebote）のひとつとして、毎週一回ミュンヘンターフェル（Münchner Tafel）から食糧の供給があると記載されている[15]。

2．パリテート母と子の家ミュンヘンの概要

　パリテート母と子の家ミュンヘン（以下、「母と子の家」または「施設」という）は1963年に、生活に困窮した子どもが1人のみ（2人以上は不可）の働いているドイツ国籍の女性を対象として、最大88世帯が利用できる施設

として創設された。同一敷地内に保育園と幼稚園を併設し、働く母親を支援した。その後、施設利用希望者は増加し多様化したため、1970年には国籍や就労に関する規定を廃止し、外国籍、無職の母親も受け入れるとともに、子どもの数も2人まで受入可とした。この時すでに、施設利用者の半数以上が無職[16]で何らかの社会保障を受給していたことから、当時の日本の母子生活支援施設と同様に、保護だけでは世帯が抱える生活問題の解決・改善が困難であると考えられ、1975年にはソーシャルワークの強化を目的に、最初のソーシャルワーカーが配置された。

　当初は子どもが1人のみの母子世帯だけを対象としていたことから居室は18㎡と狭く、2人以上の子どもがいる世帯には十分な居住空間を提供できていなかった。そのため、今日まで改築を繰り返し、現在は子ども1人の世帯向け40室（18㎡）と、2人以上の子どものいる世帯向け24室（36㎡）の合計64室で運営している。居室空間については市の基準で1人当たりの平米数が決められているので、それにもとづいて受け入れも制限される。各居室は独立しているものの、トイレ、バスルーム（浴槽とシャワーを完備）、洗濯室は共用であり、トイレは2世帯当たり1つが割り当てられている。その他、子どもたちが遊ぶことのできるプレイルームや工作室もあり、比較的限られた居室空間で制限される子どもたちの遊びを支援している。また、保育室では3歳以下の子どもをもつ母親を対象に、週に数回午前中のみ補完保育をすることで、母親が行政窓口等へ手続きに行くことを支援している。

　施設の利用条件は、住宅問題を抱えており、少なくとも4週間以上ミュンヘン市に登録されている現在妊娠しているか、10歳未満の子どもが1人または2人いる18歳以上の母親で、自分たち自身で身のまわりのことや育児ができることが前提となる。日本の母子生活支援施設では近年、DVによる被害や精神疾患等なんらかの健康上の問題を抱える母親が増加しているが、母と子の家では深刻な精神障害や薬物中毒、DV被害の母親などの受け入れはおこなっていない。ドイツではそれらの問題を抱えた母親への支援はそれぞれ専門分化した施設が担当しており、例えば日本で増加しているDV被害世帯

の場合、ドイツでは外部からの追跡を避けるための環境が整った Frauenhaus（女性の家）が受け入れており、離婚成立等により追跡等の恐れがなくなってから、状況によっては母と子の家に移ることになる。また、他の支援施設利用中に妊娠した場合も、母と子の家を利用することがある。

　利用に際しては母と子の家と母親との直接契約となり、日本の母子生活支援施設のように福祉事務所等行政機関が介在することはない。利用は1年契約で、原則3年まで更新することができる。ただし、移民等に関しては入国後、ミュンヘン市から1～2カ月の滞在許可しかでないため、ビザがでるまでの最低1～2年アパートを借りることができず、結果的に5年ほど滞在した事例もある。

　施設利用料は子ども1人の世帯向け居室が月額202ユーロ、2人以上の子どものいる世帯向け居室は月額359ユーロであり、就労収入や社会保障給付費からの支払いとなる。居室にはシングルベッド、テーブル、タンス、冷蔵庫、ミニキッチンなどが備えつけられているが、ベビーベッドなどは入所後母親が用意する。カーテン等については貸し出しもおこなっているほか、衣服等十分な生活用品を持たない世帯に対しては寄付等による対応もおこなっている。

　施設は24時間出入り自由で、自分の生活は自分で管理することが求められる。職員は入り口に24時間常駐しているが、施設利用者の生活を管理するためのものではない。ソーシャルワーカーも配置しているが、基本的に対応可能な時間は7～19時に設定されており、ワーカー室もしくは各居室に訪問して相談に応じている。特に規定があるわけではないが、現在はすべて女性職員によって運営されている。

　施設の利用ニーズは施設の創設以降、常に高い状況が続いている。それでも、以前は2～3室空いていたが、ここ5～6年はほぼ空きがない状態で運営している。順番待ちリストに多くの待機者が出ており、7～8カ月待ちの状態である。空きが出るまでは、親戚や知人のところに居候して待機するケースが多い。近年、このように利用ニーズが高まった背景には、好況によ

る他都市からミュンヘン市への労働者の流入により家賃が高騰したことと、移民の増加が重なったことがあると考えられている。

3．利用者の状況

　PARITÄTISCHE Haus für Mutter und Kind München gGmbH（2019：35-39）によると、2018年は42カ国98名の母親と129名の子どもが施設を利用していた。母親の出身地域別の割合をみると、ドイツ国内が8ケース（8.2％）、EU圏内が15ケース（15.3％）であるのに対し、それ以外が75ケース（76.5％）となっている。利用者の9割以上が国外からの移民である。地域別にみるとアフリカ圏の52ケースが最も多いが、国別にみるとナイジェリア（17ケース）、ウクライナ（12ケース）、ソマリア（9ケース）の順となる。死別による利用は1ケースのみで、離婚による利用が23ケース（23.5％）、最も多いのは未婚による59ケース（60.2％）である。母親の年齢は25歳から34歳までが53ケース（54.1％）、35歳以上が36ケース（36.7％）となっており、この両者で9割を占めている。子どもは3歳未満が101人（75.4％）であり、保育所の利用ニーズが高いことがわかる。69ケース（70.4％）が子どもが1人だけの世帯であった。

　母親の資格等をみると、21ケースがそれぞれの出身国で何らかの資格を取得していたが、そのうち8ケース（8.2％）はその資格がドイツで認定されなかった。さらに、何の資格も所持していない母親が48ケース（49.0％）と半数を占めており、半数以上の母親が無資格の状態にあることがわかる。資格だけでなく、それぞれの国で大学を卒業したにもかかわらず認定されなかったケースも9ケース（9.2％）あった。出身国ですでに職業経験がある場合や、何らかの資格を取得していた場合、ドイツ労働局が認めれば就労に有効に活用できる。過去には助産師、看護師、介護士、保育士のほか、弁護士というケースもあった。さらに、施設入所中に新たな資格を取得すれば、就労により有利になる。

　母親の就労、資格取得の状況をみると、フルタイムで働いている母親は3

ケース（3.1％）、パートタイムで働いている母親は7ケース（7.1％）、ミニジョブ（Minijob）[17]が2ケース（2.0％）と何らかの形態で就労している母親は全体の1割強である。資格や語学の習得中が29ケース（29.6％）、就学中5ケース（5.1％）など就労に向けた取り組みを進めている母親もいるが、求職中の14ケース（14.3％）を含む半数以上が就労も就学もしていない。これは移民の増加によるものと考えられる。2018年に施設を退所した33ケースの施設利用期間の内訳をみると、2～3年のケースが8ケース（24.2％）ある他、3年以上入所していたケースも4ケース（12.1％）あり、長期化する傾向がみてとれる。これは2018年12月末日時点で施設を利用していた65ケースにもいえることで、こちらも2～3年のケースが14ケース（21.5％）、3年以上入所しているケースが8ケース（12.3％）と3割を超えている。短期間で退所に至るケースがある一方で、地域での生活に移行するためには比較的長期間の支援を要するケースがあることがわかる。

4．支援の視点と方法

　施設では1980年代から支援に社会教育の視点が取り入れられている。入所母子の支援においては親子関係の調整等もおこなっているが、母親が自分のアパートを探し地域で生活できるように支援することが一番の目的であり、母親が失業手当等を受給することなく働き続けられるように、母親の能力（言葉、技術、資格など）を見極め支援している。そのため、地域に出てからの生活に必要な社会教育を母親に対しておこなうことが支援の中心となる。施設では就労のための資格取得や技術の習得も大切にしているが、それ以上に必要性を感じ重要視しているのがドイツ語教育である。近年、施設を利用する移民が増加し9割を超えていることから、ドイツでの生活に必要なドイツ語の習得を目的とした教育機会を設けている。施設内での教育だけでなく、ミュンヘン市の費用負担のもと外部施設を利用して必要なドイツ語能力の獲得に努めている。

　母親たちは子どもたちを保育園に預け、その間に働かなければならない。

資格や職業経験のない入所者も、労働局を通じて職業訓練を受けたり就労したりしている。施設では子どもたちが保育園、幼稚園、学校から戻った後の補完保育や宿題の手伝いもしている。ただし、24時間対応しているわけではなく、職員が対応できるのは7〜19時までなので、例えば看護師として病院で夜勤をする場合、夜間の子どもの預け先は自分で探さなければならない。施設内に限らず外部の友人等預かってもらえるところを確保したうえで、夜勤に従事することになる。

　母親たちが経済的に自立し、退所することが理想ではあるが、3年で経済的に自立することは困難である。社会保障を活用しながら生活する世帯が多く、職に就くまで相当の時間がかかっている。入所時に公的な支援を受けられない移民も多いため、施設利用中に必要な手続きを終え、社会保障を活用しながら地域で生活していけるようにすることが大切である。入所前に借金をしている世帯もあるため、退所後の安定した地域生活を実現するために、施設利用中に借金を整理することも重要である。退所後は経済的に自立すること以前に、地域での生活が破綻しないことが大切である。そのためにも日常生活に必要なドイツ語能力を身につけ、行政からの各種手続き等に関する手紙の内容を理解できるように支援するなど、退所後を見据えた支援をおこなっている。

　退所時にその後の生活を見据えて退所先のアパートの近くにどのような施設があるかを知らせており、利用を促しているほか、母親から連絡があればソーシャルワーカーが訪問するなど、施設退所後も1年間はサポートしている。相談内容としては、職場でのトラブル、失職、別れた父親との様々な問題（子どもの面会等）などがある。家賃滞納等により大家と揉めるケースなどもあり、その際の折衝もするが、結果的に施設に戻ってくるケースも若干ではあるが存在している。

5．支援の課題

　魚住明代（2014：19）において、ジルヴィア・ハニンガー氏は母と子の家

における支援の課題として、①支援対象となる母親への条件が現在もなお厳格なこと、②施設への入居条件（入居可能な子どもの年齢要件）、③母子家庭の貧困の中でもとりわけ移民女性が厳しい経済状況に置かれていること、以上の３点を指摘している。この中でも移民への支援は、近年の大きな課題である。入所世帯のすべてが何らかの収入があるが、そのなかで最も金額が低いのは移民世帯である。滞在許可が出るかどうか２年近くわからない人たちは、その間働くこともできないため、どのように生活すればよいのか考えることは難しい問題である。さらに、例えばアフリカからパスポート等もなく来た世帯に対しては子どもへの支援もできない。これらの問題を解決するには相当な時間がかかってしまう。移民に対する手当はドイツの社会保障より低いので、例えばミュンヘンターフェルから供給された食糧などは、移民世帯に優先的に配分しており、それでも足らない分を各自が購入している。

　保育に関する課題もある。母親が就労するためには幼稚園や保育園に子どもを預ける必要があるが、母と子の家に併設する幼稚園や保育園は入所者の子どもだけでなく地域の子どもたちも受け入れているため、いつも空きがあるわけではない。９月の新規入園の時期には入所世帯の子どもが優先的に入園できるようにしているが、９月以降の入所は幼稚園や保育園の定員に空きがなければ子どもの入園を待たなければならない。

　施設内における母親同士のトラブルもあるが、それほど多くはない。人種や文化の違いによるものではなく、キッチンやトイレ、浴室が共用のため、使用に際してのトラブルである。トイレや浴室の共用に関するトラブルについては、日本の母子生活支援施設に関する研究や実践報告でも時折取り上げられていた。ジルヴィア・ハニンガー氏は、「常時80〜85人の子どもたちが生活しており騒がしいため、ストレスも溜まるであろう。狭い空間で大勢が生活するためにはある程度の規則も作らなければならないが、それもストレスの一因になっているのではないか」と考えていた。

　ジルヴィア・ハニンガー氏は現在の非常に高い利用ニーズに応えるため、敷地内の使っていない建物（以前、職員宿舎として使っていた建物）を取り

壊して、新たな施設の増築を希望していた。建設に際してはミュンヘン市が費用を負担することになるため、すでに増築の要望は出しているものの計画化はされていない。新しい施設は各居室にキッチンやトイレ、浴室を作り、母親たちの精神的な負担を少しでも取り除くとともに、多子世帯向けの部屋を作り多様なニーズに応えたいと考えていた。

　また、退所に関する課題として、地域における住宅確保の困難性が指摘された。ミュンヘン市は昨今の好況を背景に労働者の流入が進み、それにともなって高級マンションの建築が進んでいる。その結果、施設利用者が利用可能な比較的安価な家賃のアパートを確保することが難しくなっている。公営住宅も新築されず、すでに入居している人々の転居もないため、空きが出ない状況である。ジルヴィア・ハニンガー氏はミュンヘン市に対して、普通の人が生活できるような住居の提供、公営住宅の整備を熱望しており、また、民間アパートのオーナーに対しては、「人種が違っても（特に黒人）アパートを貸してほしい、そういう人も受け入れてほしい」という願いを語っていた。

　以上のように、魚住明代（2014：21）で指摘されていた課題は今もなお解決されておらず、移民の増加とともになお一層厳しい状況になっていることが窺えた。日本の母子生活支援施設と共通する課題も抱えており、さらにドイツの特徴である保育所整備に関する課題も確認できた。

6．母子支援現場によるハルツⅣの評価

　最後に、ジルヴィア・ハニンガー氏にハルツⅣの評価を聴いてみた。以下は、実際に母子世帯を支援している立場からの見解である。

　　ハルツⅣは受給するための条件が厳しいが、就労の意思をみせないと受給できないシステムは評価している。ドイツでは公的な所得保障によりある程度の期間生活できるが、あくまでも一時的なものとして考えられている。母親と子どもが受け取る所得保障は、家賃を合わせたら結構な額になる。例え

ば、職に就いて1,200ユーロもらえるとするならば、不足する分をハルツⅣにより受給すればよい。ただし、ハルツⅣは半年に一度書類の提出が義務づけられているほか、預貯金の出入りがチェックされるので、大半の人は自分で生活できるようになりたいと考えている。

　ハルツⅣによるワークフェアが母親の負担になることはないと考えている。いつかは就労するので、それを前提に考えるのであればハルツⅣによる一時的な所得保障制度の利用はよいと思う。子どもが3歳になると受給の条件が厳しくなるが、3歳未満は比較的緩やかなため受給しやすい。しかし、受給しているほとんどの女性が3歳になるまでもらっていてもいいと思っているわけではなく、3歳になるまででも積極的に仕事を探すことが多い。ミュンヘン市をみれば、言葉が出来なくても職に就けるくらい色々な仕事がある。特に介護士と保育士のニーズが高く、容易に就職できる状態にある。

　ただしこの評価は好況を背景としたミュンヘン市ならではのものであることを考慮する必要がある。ミュンヘン市の所属するバイエルン州の2018年の貧困率[18]は11.7％とドイツで最も低い。ドイツ全体の貧困率が15.5％、最も貧困率の高いブレーメン州は22.7％であるので、ハルツⅣに対する評価にも地域性が表れる可能性がある[19]。地方で職が限られている場合にはハルツⅣに対する評価もまた異なり、"Wer arbeitet, ist der Dumme（働く者は、バカ）"といういわゆる貧困の罠や福祉依存といわれる状況を批判する言葉も生まれている。さらに、ハルツⅣ受給者に対するスティグマの存在も、調査を進める過程で明らかとなった。

7．日本への示唆

　本研究ではドイツにおける母子世帯の地域移行の場面で、優良で安価な住宅を確保する必要性が明らかとなった。しかし、市場に任せているだけでは実現しないため、住宅の確保には公的機関の介入が必要であることも確認された。

　母と子の家が比較的短期間のうちに地域移行を実現している背景には、社会保障の給付水準が最低生活を保障するに足る水準に到達していることがあ

げられる。母と子の家はそのうえで、入所している母親の就労意欲を引き出す支援を展開していた。ただし、これは、好況を背景としたミュンヘン市の事例であることに注意が必要であり、貧困率の高い他の州においてはこの限りではない可能性も指摘できる。この点については今後継続して調査する必要があろう。

今回の母と子の家に関する研究から、世帯が抱える問題に応じて細分化されたドイツの母子世帯支援の現状が明らかとなった。これは一見すると、かつて日本でも議論となった副田義也らによる母子生活支援施設の機能分化に関する議論を惹起する問題提起のように感じられるかもしれない[20]。しかし、現在の母子生活支援施設が担う多様な生活問題を抱えた母子世帯に対する包括的な支援が一定の成果をあげている側面を否定することはできない。むしろ、細分化されたドイツの母子世帯支援は、第3章で指摘した母子生活支援施設における段階的な支援の各段階に示唆を与えるものとなろう。母と子の家が担っている入所世帯に対する生活に必要な能力の獲得や就労の支援、地域への移行支援といった役割・機能は、第3章で指摘した第1段階（施設生活期）の後半から第2段階（地域移行期）、そして第3段階（地域生活期）の初期にかかる部分である。今後の研究として細分化されたドイツの母子世帯支援を担う各施設の実践を、日本の母子生活支援施設が実施する各時期の支援と照らし合わせて比較する必要が明らかとなった。

おわりに

ドイツにおける社会保障政策の展開や子育て支援の現状には、ワークフェアの展開や保育施設の整備に関する課題など日本と共通する部分が多くみられた。しかし、そこで展開されている母子世帯支援の実践は、母子世帯が抱える様々な生活問題の支援に包括的に取り組んでいる日本の母子生活支援施設とは異なり、母子が抱える生活問題によって細分化され、それぞれの問題に応じた専門機関が支援にあたっていることがわかった。母と子の家は母子

世帯支援のなかでも入所中の生活支援と就労支援、そしてその後の地域移行支援を主たる業務としており、それゆえに比較的短期間で退所に至ることが可能となっていた。このようなドイツの実践を日本の母子生活支援施設の研究や実践に照らし合わせて考える際には、細分化されたドイツの母子世帯支援を日本の母子生活支援施設における支援の各場面にあてはめ、支援のあり方を検討する必要がある。日本では近年、DV被害によって母子生活支援施設に入所する世帯が半数を超えているが、今回母と子の家を訪問したことにより新たに明らかになったDV被害世帯に対して一次的支援をおこなう女性の家の存在は、第3章で指摘した第1段階における支援に示唆を与えるものとなろう。今後も継続してドイツの各施設の役割・機能とその実践を調査・分析し、そこから日本の母子生活支援施設に関する研究と実践の課題を明らかにしていく必要がある。

注釈

1) "ALPHA HOUSE of Tampa" はフロリダ州ピネラス郡タンパにある、就労するか、就労するための教育・訓練を受けることを条件に入所している妊婦や出産後間もない母子を対象とした母子支援施設である。助成金と、企業などからの寄付金、アメリカ連邦政府からの人件費（期間限定）をもとに、NPO法人によって運営されている（生出美穂・久留嶋元気（2012：58-59）、生出美穂（2012：86-88））。

2) "マハムニ母子寮" は、バングラデシュ独立の際に発生した孤児や未亡人を保護し、衣食住と教育を提供することを目的に、1976年に日本人僧侶渡辺天上がチタゴン市郊外に設立した施設である。現在は貧困な世帯の児童の生活と教育の支援を目的として、寄付を中心に運営されている（人間禅出版部、2002：126-128）。

3) ドイツ連邦雇用庁は主要業務として、職業ガイダンス、職業紹介、職業教育助成、雇用維持のための労働短縮手当の支給、雇用創出措置（ABM）の補助金と貸付金の供与、失業保険金（手当）の支給、失業扶助の支給等を実施している。この中でも連邦雇用庁の中心的な業務である職業紹介において、公共職業安定所が失業者を仲介したとされる数字が、実際に仲介された数字よりも多く記録されていたことが明らかになった。

4) この経緯については、戸田典子（2010：18-20）を参照のこと。

5) 内容については、布川日佐史（2003）などを参照のこと。

6) 根本到（2006：27）。

7) JILPT（https://www.jil.go.jp/foreign/jihou/2017/08/germany_01.html、2019.8.31）。

8)　ドイツの最低賃金は2019年1月1日から時給9.19ユーロに引き上げられた。さらに、2020年1月1日から時給9.35ユーロになることが決定している。

9)　厚生労働省（2019a：7）国民生活基礎調査の割合は、児童のいる世帯数に占めるひとり親と未婚の子のみの世帯の割合である。

10)　ドイツの"Unterhaltsvorschuss"については、生駒俊英（2019）が「扶養料立替制度」として詳細を説明している。

11)　Landesinvestitionsprogramm zur Schaffung neuer Kita-Plätze in Kindertageseinrichtungen 2019-2022。

12)　この研修におけるケルン市の母子入所施設"Haus Adelheid"については、全国社会福祉協議会・全国母子生活支援施設協議会（2013：44）でも紹介されている。

13)　PARITÄTISCHE Haus für Mutter und Kind München gGmbH（https://www.mutter-kind-haus.org/nc/startseite/）。

14)　総務省（2016）『諸外国における子供の貧困対策に関する調査研究』報告書（https://www8.cao.go.jp/kodomonohinkon/chousa/h27_gaikoku/5_03_2.html、2019.8.13）。

15)　いわゆるフードバンク事業である。この他、ミュンヘンターフェル（Münchner Tafel）自体は路上生活者を対象とした街頭での炊き出しなどもおこなっている。

16)　1970年当時で60％を超えていた。

17)　ミニジョブ（Minijob）とは月収450ユーロ（年間5,400ユーロ）以下または短期（3カ月以内、または70労働日以内）の就労をいう。被用者の所得税と社会保険（年金・医療）料は免除されるが、雇用者には所得税と社会保険（年金・医療）料の支払い義務が生じ、被用者の賃金の約31％に当たる額を支払わなければならない。（https://www.minijob-zentrale.de/DE/01_minijobs/02_gewerblich/01_grundlagen/02_kurzfristige_gewerbliche_minijobs/01_zeitgrenzen/node.html、2019.8.16）。

18)　ドイツの相対的貧困率は OECD が採用している等価可処分所得の中央値の50％未満ではなく、同60％に満たない貧困リスク率（Armutsgefährdung）を採用している。

19)　ドイツ連邦統計局（https://www.destatis.de/DE/Themen/Gesellschaft-Umwelt/Soziales/Sozialberichterstattung/_inhalt.html、2019.8.31）。

20)　1976年に副田義也・吉田恭爾によって発表された「母子世帯の質的変化に対応した新しい母子福祉施策に関する研究—母子寮の現状と今後の課題—」（昭和50年度厚生科学研究報告書、通称「副田レポート」）では母子寮を、住宅提供的母子寮に生活指導と緊急保護の機能を加えた母子寮（母子寮A型）と母子住宅や公営住宅などのコミュニティ・ケアが担うべき役割を代替的におこなう住宅提供的母子寮（母子寮B型）に分けて運営することを提唱していた。この副田らの研究は、その後の母子寮のあり方に関する研究と実践に大きな影響を与えた。

終章

第1節　問題の所在と母子世帯支援の課題と展望

1．問題の所在

　母子生活支援施設に入所している世帯が抱える経済的な問題が、施設の支援を受けてもなお解決・改善しない原因は、入所世帯や施設にあるのではない。2002年改革からすでに20年近くが経過するが、母子世帯の貧困率は今もなお5割を超えている。母子世帯に対する就労支援を軸としたワークフェア政策では、母子世帯の経済的問題を解決することができなかったことがわかる。

　母子世帯の貧困問題は、母親が労働市場に参加しても経済的に自立不可能な賃金水準におかれていることが本質的な問題であり、最低賃金の低さがそれを可能にしている。さらに、所得保障制度の水準の低さがこの問題の解決を限定的なものにしている。また、これらを補完する生活保護によって保障される最低生活水準の低さも常に研究の課題になっている。加えて、母子世帯の多くが生活保護制度の利用に結びついていないことも大きな問題である。

　唐鎌直義（2012：37）は、「日本では、高い貧困率において把握される

『要保護層』の大量な存在と、低い保護率に表される『絞り込まれた被保護層』という2つの集団の間に今なお大きな数値のギャップが認められ」、このギャップが「主として日本の生活保護制度が稼働能力者の貧困にほとんど対応してこなかったことから生じている」ことを指摘している。これは母親の多くが稼働年齢層にある母子世帯において顕著にみられる傾向である。さらに、「生活保護制度の外側に位置すべき各種社会保障制度がどれも『ナショナルミニマム』機能をもたない」（唐鎌直義、2012：43）ことにより、母子世帯が母親の就労収入と児童扶養手当等社会手当のみで最低生活水準以上の生活を継続して営むことは相当に困難となる。

　これらの問題は母子世帯の母親や母子生活支援施設の職員による努力のみで改善できるものではない。母子世帯の母親が抱える低賃金、不安定雇用といった問題は、雇用・労働政策によって解決・改善されなければならない。この問題は、女性労働者全体が直面する問題でもあり、また労働者全体の問題でもある。この問題を解決・改善できないばかりか、むしろ悪化の一途をたどる背景には、労働者の非正規化を推し進めた政策の存在があり、それを許してしまった労働組合の弱体化がある。全労働者に占める非正規雇用労働者の割合は増加し続けており、それに反比例するかのように労働組合の組織率は低下し、もはや本来の機能を十分に発揮できない状態にある。

　所得保障の水準についても、今後の改善が求められている。特に、ひとり親世帯に対する主要な所得保障制度である児童扶養手当において、それを指摘できる。児童扶養手当は子どもの貧困問題を背景に、2016年8月から第2子および第3子以降の加算額が増額[1]された。2017年4月には、子どもが2人以上いる場合の加算額に対する物価スライド制[2]の適用が導入された。さらに、2018年8月支給分より全部支給となる所得制限限度額が引き上げられている[3]。また、2019年11月支給分からは、従来の年3回の支給（4月、8月、12月の3回に分け、それぞれ前月までの分を支給）を改め、年6回（奇数月）の支給にするなど、当事者のニーズに応えて改正されている[4]。しかし、合計特殊出生率が長く1.5を下回っている状況のなかで、第1子への支

給額を据え置き、第2子以降への支給額のみ増額した点で、効果は限定的にならざるを得ない。母子世帯の経済的な問題に対し効果を発揮するには、第1子への支給額の増額が不可欠である。さらに、増額したとはいえ、第2子以降に対する支給額の水準はまだまだ低い。

2. 母子世帯支援の課題

　日本の母子世帯の半数以上が最低生活水準以下で生活している状況のなかで、最低生活水準で生活しようとするならば、生活保護を利用することが望ましい。本研究で明らかにしたように、母子世帯の母親の多くがワーキング・プア状態にあり、貯蓄もない状況であるならば受給は可能であろう。しかし、実際には生活保護につきまとうスティグマにより、受給を見合わせる世帯も多い。さらに、地方であれば子どもの送迎や通勤のために自家用車を所有する必要があり、そのような場合、よほどの事情がない限り現行の生活保護制度では受給が認められることはない。

　もし生活保護を利用せずに、母親の就労収入と社会手当によって最低生活水準以上の所得を得ようとするならば、必然的に母親自身が長時間働かなければならない。母子世帯の母親がダブルワーク、トリプルワークをする理由はここにある。しかし、母親の長時間労働は子育てとの両立の限界に近づく行為であり、子どもの発達や母親自身の心身の健康に影響を及ぼす。さらに、日本の社会手当には所得制限限度額が設定されていることから、母親が過度に頑張るほど自らの就労収入だけで生活しなければならない状況を生み出していく。

　これらは、ドイツにおける母子世帯に対する支援との大きな違いである。ドイツにおける子育て世帯に対する社会手当には所得制限限度額は設定されていない。日本の児童扶養手当のように第1子の額に対して第2子以降の給付額が低いというようなこともない。ドイツも日本と同様にワークフェア政策を展開しているが、その前提として最低生活が保障されているため、日本のようにワーキング・プアに陥るリスクは少ない。

さらに、ミュンヘン市の"Haus für Mutter und Kind"の調査からは、母子世帯が地域で安心で安全な生活を送るためには、安価で優良な住宅の確保が欠かせないことがわかった。ドイツにおいても住宅の整備には行政の介入が不可欠であり、日本と共通する課題を抱えていた。日本においても優良な公営住宅の整備をはじめ、生活保護によらない家賃扶助のあり方を考えていくことが今後の課題である。

3．母子世帯支援の展望

　今回、比較対象としたドイツは、所得保障の前提に労働市場への参加を義務づけていたが、それは所得保障制度によって最低生活を保障されたうえでの話であり、さらに好況を背景として発展する労働市場の存在がそれを後押ししていた。最低賃金については当初その水準に対する批判があったものの、順次引き上げられており、ドイツにおける母子世帯を取り巻く環境は改善傾向にあった。

　背景の違う両国を単純に比較することはできないが、ミュンヘン市の"Haus für Mutter und Kind"の調査からは、所得保障制度に対する信頼とそれを利用しながら地域で生活することへの肯定、さらに労働市場への参加を社会参加の一環としてとらえる視点がうかがえた。地域における母子世帯の自立生活の最終的な目標は、日本と同様に母親の就労による経済的自立においているものの、母子の状況に応じて所得保障を受けながら労働市場に参加し、地域生活を持続することを肯定的にとらえており、労働市場への参加は母親の自発的な意思に委ねられていた。このような母子世帯の支援に不足しているものとして、母親の就労に際して必要となる子の保育と、地域生活に必要な安価で優良な住宅の確保が指摘された。

　以上のことから、今後求められる日本の母子世帯支援を考えると、まず必要となるのは生活保護に頼らずに最低生活を保障する制度の構築である。母子世帯の母親が就労と子育てを両立しようとした場合、地方では公共交通機関の不足から、自家用車等の交通手段を確保しなければならない状況が考え

られる。また、障害児等を養育する場合、自家用車等による送迎の必要が生じることもあるだろう。これらのことを現行の制度と照らし合わせて勘案した場合、日本の母子世帯支援においては、児童扶養手当の増額と所得制限限度額の緩和で対応することが妥当であろう。特に、児童扶養手当の増額については、全体の増額だけでなく、第2子以降に対する大幅な増額が求められる。

就労支援については、所得保障とセットで考える必要がある。就労収入だけでは最低生活水準に満たない不足分を社会手当によって補足する制度の構築に加え、資格取得にかかる費用の全額負担とその間の最低生活保障を同時におこなうことができる制度の構築が必要である。現行の「母子家庭自立支援給付金及び父子家庭自立支援給付金事業」のなかでも「高等職業訓練促進給付金等事業」は、資格取得者の8～9割が常勤職として就業している。就学期間が比較的長期にわたる国家資格の取得が可能な制度であるが、現在は当事者の自己負担も多い。これらの資格取得を当事者の自己投資としてとらえ当事者負担分を残すのではなく、優良な労働者を育成し労働市場に送り出す社会的投資としてとらえ、当事者負担を無くす努力が必要である。

さらに、母子世帯が利用できる安価で優良な住宅の確保は、社会的な課題である。公的な責任により安価で優良な住宅を整備することは、母子世帯が抱える住宅問題を解決するだけでなく、子育て世帯の負担を軽減し少子化の改善と地域の活性化に寄与する可能性も指摘できる。住宅問題対策を貧困問題対策の一環としてとらえるだけでなく、地域の活性化と持続可能な地域づくりの一環としてとらえ、整備していくべきである。

最後に、"Haus für Mutter und Kind" の調査でも指摘された保育問題への対応である。日本でも待機児童問題が取りざたされて久しいが、ドイツにおいても就労にともなう保育問題は社会問題化していた。保育所は親の就労支援を前提とした福祉施設であるため、本来であれば公的責任によって整備されるべきである。しかし、日本でも昨今は民間活力の導入によって整備されることが多い。親の就労を支援するために、各地域に当事者のニーズを充

足するに足りる保育所を整備する必要があるが、両国ともに十分とは言えない状況である。今後も継続して保育問題の解決・改善に努めるとともに、少子化のなかで待機児童が増加する背景についても今一度取り上げ、本質的な問題の解決方法を考えていく必要があるだろう。

　以上のように、母子生活支援施設における支援のあり方に関する研究を通して、母子世帯全般、さらには子育て世帯全般を対象とした社会のあり方を考えることができた。日本の社会保障・社会福祉は対象を限定して給付することが多いため、時として当事者間の対立や分断を生み出すことがある。対象を限定しないドイツの児童手当（Kindergeld）や養育費前払い制度（Unterhaltsvorschuss）の存在は、日本が今後より普遍性の高い制度を構築したり改変したりする際の参考になるものであった。

　日本は今後、短期的には所得保障の充実による最低生活の保障を、中長期的には労働市場の改善による就労収入の増加を目指し、各種制度・サービスの整備・拡充を図っていく必要がある。

第2節　母子生活支援施設に関する研究と実践の課題

1．母子生活支援施設に関する研究の課題

　母子生活支援施設に関する研究は、母子生活支援施設が児童福祉施設のひとつに位置づけられて以降今日に至るまで、施設や当事者の実態とそれに応じた支援のあり方を中心に、欠かすことなく継続されてきた。その時期ごとに課題とすべきテーマを取り上げ発展してきたが、特別に盛り上がりをみせた時期や研究が衰退した時期があるわけではない。施設数の増減と比例するかのように粛々と進められてきた印象を受ける。子ども家庭福祉分野における研究として、児童相談所や児童養護施設に関する研究に比べると、その数はかなり少ない。

158

　母子生活支援施設が研究の俎上にのることが少ない理由として、以下のことが指摘できる。

　第1に、母子生活支援施設が社会福祉学の実践者や研究者の間で、それほど認知されていないことである。母子生活支援施設は社会的養護を担う施設のひとつに位置づけられているが、同じ施設養護を担う児童養護施設や乳児院、子ども家庭福祉の中核的存在である児童相談所に比べると、認知度はかなり低い。子ども家庭福祉分野の研究者にも、母子生活支援施設の実態はそれほど認知されていない。児童養護施設や乳児院が児童相談所の管轄下にあるのに対し、母子生活支援施設は福祉事務所の管轄下にあることも、認知されていない理由のひとつであろう。

　第2に、全国的にみて施設数が少なく、さらに減少傾向にあることである。よほどの問題意識を有していない限り、研究対象として取り上げることはないであろう。研究の継続性や将来性に展望を持ちにくいだけでなく、研究フィールドを確保しづらく実態をつかみにくいという現状は、母子生活支援施設を対象とした継続的な研究を敬遠する要因となる。

　第3に、母子生活支援施設に関する研究は世帯を対象とすることである。母子生活支援施設が支援の対象とする母子は、さまざまな問題を複合的に抱えている。成人と児童という両者を同時に扱う難しさだけでなく、母子の障害や健康問題の有無、DVや虐待の有無、母親の雇用・労働問題、児童の発達に関する問題など、取り扱う課題が多岐にわたる。母子生活支援施設を研究対象にするには世帯の生活をみる視点が必要となり、社会科学的な分析が欠かせない。ここに、母子生活支援施設を研究対象として取り扱う難しさがある。

　これらのことから母子生活支援施設に関する研究は、高い問題意識をもった実践者と一部の研究者に限定して展開されてきた。母子生活支援施設が抱える様々な課題の解決や、入所している母子世帯が抱える問題の解決・改善には研究の拡大と発展が不可欠であるが、それを誰がどのように担っていくのかは今後の課題である。特に、母子生活支援施設におけるDV被害世帯の

増加と、近年みられる研究倫理に関する必要以上の制約は、研究者による母子生活支援施設の調査自体を困難にしている。当事者の生活実態を研究者が把握することが難しくなっているため、今後の研究の発展には現場の協力や現場からの発信が欠かせない。現場の実践者による発信や研究者との協働による調査などによって実態を明らかにし、そのうえで対策を考えていく必要がある。そのためにも研究者は、各母子生活支援施設に研究の必要性、有効性を理解してもらい、積極的に研究に協力してもらえるように取り組んでいかなければならない。

2．母子生活支援施設における実践の課題

　貧困な母子世帯の支援には、母子世帯の母親の雇用・労働問題に対する正しい認識が不可欠である。その認識を抜きに母子生活支援施設における支援のあり方を考えることはできない。本研究ではそのことを前提に、「自立」をどのようにとらえ、それをどのように支援していくのかを明らかにしてきた。母子生活支援施設が自立支援に組織的に取り組むうえで、基幹的職員が果たす役割・機能は重要である。そのため、自立支援に対する組織体制の整備を今後の主要な課題のひとつにあげた。さらに、自立支援における母子の主体性の確保と職員の役割も明らかにし、退所を自立と同義に扱ってはいけないことを指摘した。そのうえで、施設入所中の支援（インケア）だけでなく退所後の支援（アフターケア）を重視する必要性を明らかにし、母子・父子自立支援員や民生委員・児童委員との連携率の向上が今後の課題であることを指摘した。アフターケアではアウトリーチの有効性を指摘し、その実現に向けた取り組みを今後の課題とした。

　以上のように、本研究では当事者を主体とした自立支援のあり方を通して、母子生活支援施設における支援の課題を明らかにしてきた。そのなかで、ソーシャルワークの視点や方法は明らかにできたと考えている。

　そこで、ここでは母子生活支援施設が抱える直接的なソーシャルワーク以外の課題として、以下を指摘しておきたい。

　第1に、施設数の減少とともに公設公営施設の民営化が進んでいることに対する施設職員の意識づけである。社会福祉基礎構造改革によって高齢者分野を中心に福祉施設の市場化、民営化が加速したことから、今日その勢いを止めることはもはや不可能であろう。しかし、社会福祉が本来公的責任において実施されるべきものであるということを忘れてはならない。福祉施設の民営化が公的責任の後退を招いていることは明らかであるが、実践者はそれを甘受するのではなく、常に問題意識を持ち続けることが大切である。公的責任の後退から生じる支援の限界を、支援者の専門性を超えた無理な支援や当事者のさらなる自助努力へと転嫁するのではなく、支援者と当事者が協働して公的責任の後退による支援の限界を見極め、問題を共有していく視点と方法が必要となる。そのうえで連帯し、制度・施策の改善を求めるソーシャルアクションへと発展させていくことができれば、母子生活支援施設の専門性に対する信頼も高まるであろう。

　第2に、施設の老朽化に関する問題である。新築や改築は施設の定員充足率を向上させる有効な手段となり得る。施設数をこれ以上減少させないためにも、定員充足率の向上は喫緊の課題である。新築や改築により安心で安全な良好な住環境を整えることは、老朽化した施設を見て入所を避け、問題解決に至らない母子の出現や、老朽化した施設に入所せざるを得なかった結果、みじめな思いをして自己肯定感を引き下げる母子の発生を避けることができる。母親の自立意識を醸成するインセンティブとして作用するのは、就労支援でもなければ劣等処遇や慈恵的、恩恵的な処遇でもない、安心で安全な良好な住環境である。しかし、新築や改築を施設単独の会計で賄うことは難しい。行政と問題意識を共有し計画的に取り組んでいく必要がある。この点は、ミュンヘンの"Haus für Mutter und Kind"も同様の課題を抱えていた。

　第3に、母子生活支援施設に対する社会的認知度の向上である。研究の課題でも指摘したが、母子生活支援施設の社会的認知度は低い。同じ社会的養護を担う入所施設である乳児院や児童養護施設の職員のなかには、母子生活

支援施設のことをほとんど知らない者もいる。福祉事務所の管轄であるので、児童相談所の職員のなかにも、母子生活支援施設をどのように活用できるか具体的なビジョンを持つものは少ない。最近の児童の虐待死事件をみても、もし母子生活支援施設を利用していたら救われていたのではないかと思えるケースがみられる。近年増加するDV被害世帯への対応を重視しすぎるあまり、母子生活支援施設が有する役割・機能の発信を控える施設も多くみられるが、保護と情報の発信を両立する方法を考えていくことも今後の重要な課題である。この点については、今後ドイツの専門分化した母子支援に関する研究を進めることで、示唆を得ることができるかもしれない。

注釈

1) 第1子は月額最大42,330円のまま、第2子月額5,000円から最大1万円へ、第3子以降月額3,000円から最大6,000円に増額された。
2) 物価スライド制とは、物の価格の上がり下がりを表した「全国消費者物価指数」に合わせて、支給する額を変える仕組みをいう。
3) 例えば子ども1人の場合、130万円から160万円に増額された。
4) 2019年4月分以降、第1子が42,910円～10,120円、第2子が10,140円～5,070円、第3子以降は6,080円～3,040円がそれぞれ所得に応じて支給されている。

あとがき

　「社会福祉が対象とする生活問題を社会科学的にとらえる」、これは筆者が社会福祉学という学問と出会ってから一貫して意識してきたことである。

　編入学した同朋大学で社会福祉士養成カリキュラムに従った授業を受ければ受けるほど、「社会福祉」というものが見えなくなっていた。仕事を辞めて編入学したにも関わらず、肝心の「社会福祉とは何か」がわからないということに焦りを感じ、ゼミの指導教員である林博幸先生に相談したところ、「貧困問題をやりなさい」とご指導いただいた。さらに学びを深めたいと大学院への進学について相談した際には、「本格的な研究を志すのであれば、博士課程への進学を視野に入れて進学先を探しなさい」とアドバイスをいただいた。

　進学した龍谷大学大学院社会学研究科では、当時大友信勝先生がゼミを構えていて、多くの学生を集めていた。大友ゼミでは修士課程と博士課程の学生が共同でゼミ活動をおこなっており、博士課程には後に博士の学位を取得して大学教員になる先輩方が多数在籍していた。ゼミでは日ごろから高度な議論が展開されており、入学当初は交わされる言葉の意味もわからず、ただ唖然とするばかりであった。1回生の夏休みに、大河内一男の『社会政策（総論）』と孝橋正一の『全訂 社会事業の基本問題』を読み解いたあたりから、ようやく目の前の霧が晴れてきたのを覚えている。

　大友ゼミでは、文字通り朝から晩まで「社会福祉」と「貧困問題」に取り組むことになった。主査の大友先生から直接指導を受けるだけでなく、博士課程の先輩方が指導を受けている内容からも多くのことを学ぶことができた。さらに、副査の長上深雪先生から孝橋正一の社会科学的な論考について、貴重なご指導をいただくことができた。修士課程での学びにより、漠然とした「貧困問題」は明確な「労働者の貧困問題」になり、必然的に研究テーマは「母子世帯の貧困問題」となった。

筆者が博士論文のテーマに選んだ「母子生活支援施設における支援のあり方」に関して、施設における具体的な実践について考えるうえで、当時の龍谷大学大学院に山辺朗子先生がおられたことも筆者にとって幸運であった。山辺先生には修士課程修了後も、母子生活支援施設における実践と研究の課題について、長時間の相談にのっていただいた。山辺先生が亡くなった年に久留米大学で開催された日本社会福祉学会では、本書第1章にかかる研究報告に対してあたたかい激励と厳しいご指摘をいただいた。本書で取りあげた母子生活支援施設が抱える今日的課題以外にも現場は多くの課題を抱えているというご指摘には、今後の研究で応えていきたいと考えている。

　龍谷大学に進学したことにより、京都で開催される三塚武男先生を中心とした「貧困問題研究会」に参加する機会を得ることもできた。大学教員や大学院生、現場職員が学びあうこの研究会の議論から、労働問題や貧困問題を社会科学的にどうとらえていけばよいかという示唆を得ることができた。三塚先生の生前最後の研究会では、筆者の人生で初となる学会発表の内容についてご指導を仰ぐことができた。この時の先生のご指導はその後、大友信勝先生監修の『社会福祉研究のこころざし』に寄稿した「ワークフェアか所得保障か─女性労働者問題から考える母子世帯の貧困」に反映させることができた。

　修士課程修了後は、一旦現場に出ることとなった。この時の現場経験が、博士論文を執筆する貴重な動機づけになった。入職当初から現場の矛盾や課題に向き合うことになり、須藤八千代先生の『〈増補〉母子寮と母子生活支援施設のあいだ─女性と子どもを支援するソーシャルワーク実践─』を読んで、現場が抱える矛盾や課題を解決しなければならないという思いを強くした。当時、愛知県立大学で教鞭をとられていた須藤先生に研究資料の閲覧を申し出たところ、「続きはあなたがやりなさい」とおっしゃって貴重な研究資料を山ほどいただくことができた。この資料は、本書を執筆するうえで欠くことのできない貴重な研究財産となった。先生には、その後もお会いするたびに「本を出しなさい」と叱咤激励をいただいている。

　本書の執筆にあたり、最後まで支えていただいたのが、立命館大学大学院社会学研究科でご指導いただいた唐鎌直義先生である。唐鎌先生の著書や論文には学部生のころから接していたが、一度もお会いしたことはなく、博士課程での指導を願い出た最初のメールでは筆者の言葉が足らず、先生から指導を遠慮する旨の丁寧なお返事をいただいた。今となっては反省とともによき思い出となっているが、当時は冷や汗をかいて慌てて研究の関心や目的を詳細に記したメールとともに、それまでに執筆した研究成果をお届けした。その後、幸いにも研究指導のご縁をいただき、先生が立命館大学に勤められた8年間のうち、実に7年間にわたり師事する機会を得ることができた。

　先生からは、貧困研究の視点や方法、論文の書き方から研究者としての生き方まで、多岐にわたりご指導いただいた。母子世帯の母親を女性労働者としてとらえ、現状を調査し課題を明らかにしていくうえで、先生からご指導いただいた階層性の視点は欠かせないものであった。ドイツの母子支援施設を研究対象に選んだ際には、イギリスの社会保障を研究する先生から、EU諸国におけるドイツの位置づけについて、どのようにとらえるべきかご示唆いただいた。先生の微に入り細を穿つご指導により、博士論文としての体裁を整えることができた。精神的にも支えていただき、不可能と思えた博士論文の執筆を奇跡的に成し得ることができた。特に、締め切りがせまった最後の一年間は、多大なご迷惑をおかけしたと自戒している。

　博士論文の執筆においては、副査の小川栄二先生、石倉康次先生からも貴重なご指導をいただいた。研究の節目にはいつも原稿の隅々まで目を通していただき、国内外の社会保障情勢や過去の研究事例に照らし合わせながら、貴重なご指導を数多くいただいた。執筆が滞った時期も、常に励ましていただいた。本書の出版を後押ししていただいたのも、両先生である。研究経過報告の後にはよく唐鎌先生のご厚意で、主査、副査の三人の先生と食事をする機会をいただいた。その際に先生方の間で交わされる研究の理論や歴史にまつわる話からも、学ぶことは多かった。

　博士論文の執筆にあたり、最後まで頭を悩ませたのが第4章であった。ド

イツの母子支援施設についてどのように研究を進めればよいか、まさに手探りの状態であった。思い切って訪問したミュンヘンで現地のアテンドを快く引き受けてくれた横尾だんすさんに、この場を借りてお礼を申し上げたい。横尾さんからは、現地の生活者としての貴重な意見も数多くいただくことができた。また、本書を出版するにあたり、お忙しいなか第4章を細部にまで目を通していただいた成城大学の森周子先生にもお礼を申し上げたい。

　最後になるが、本書の刊行にあたり急な見積もり依頼にも関わらず迅速に対応していただいた株式会社みらいの松井克憲さん、遅れがちな校正を辛抱強く待っていただいた編集担当の海津あゆ美さんに感謝申し上げる。

　こうやって振り返ると、本研究が多くの方に支えられてきたことを改めて感じる。また、ここには書ききれない多くの研究者、実践者にも叱咤激励をいただいた。

　唐鎌先生からは研究を進めるにあたり、一度手がけた研究テーマに継続して取り組むことが、研究に協力していただいたすべての人の期待に応えることであるとご指導いただいた。この言葉と向き合うたびに、現場で出会ったお母さんや子どもたち、職員の方々の顔や声が鮮明に思い出される。この先も、一研究者として誠実に研究テーマと向き合い、母子世帯が抱える生活問題の解決・改善のための研究を通して、すべての子育て世帯が安心して暮らせる社会の実現に取り組んでいきたいと考えている。

2020年8月28日

武藤　敦士

【引用・参考文献】

Lenze, Anne（2014）*Alleinerziehende unter Druck, Rechtliche Rahmenbe-dingungen, finanzielle Lage und Reformbedarf,* Bertelsmann Stiftung.

Die Minijob Zentrale（https://www.minijob-zentrale.de/DE/00_home/node.html）.

Nomos Gesetze（2019）*Gesetze für die Soziale Arbeit: Textsammlung: Ausgabe 2018/19: 8. Auflage,* Nomos.

OECD（2019）General Government Deficit（https://data.oecd.org/gga/general-government-deficit.htm）.

PARITÄTISCHE Haus für Mutter und Kind München gGmbH（2019）*Jahresbericht 2018 Haus für Mutter und Kind,* Der Paritätische Bayern.

Paritätische in Bayern（https://www.paritaet-bayern.de/startseite/）.

PARITÄTISCHE Haus für Mutter und Kind München gGmbH（https://www.mutter-kind-haus.org/nc/startseite/）.

Münchner Tafel（https://www.muenchner-tafel.de/）.

阿部彩（2008）『子どもの貧困―日本の不公平を考える』岩波書店。

生出美穂・久留嶋元気（2012）「『第36回資生堂児童福祉海外研修』に参加して」『全母協通信』134、54-59。

生出美穂（2012）「母子生活支援施設の現状と課題について～広域利用の推進に向けて～」『母子福祉部会紀要』 5 、77-90。

生駒俊英（2019）「ドイツにおける扶養料立替制度」『社会保障研究』 4（1）、119-127。

岩永雅也（2001）「 2 ―調査の類型」、岩永雅也・大塚雄作・高橋一男『社会調査の基礎』放送大学教育振興会。

上田衛（2009）「母子生活支援施設の現状」『鶴見大学紀要 第 3 部 保育・歯科衛生編』（46）、49-58。

魚住明代（1999）「ドイツにおける雇用・家族政策と女性労働」『環太平洋女性学研究会会報 Rim』 1（1）、94-105。

魚住明代（2014）「ドイツにおけるひとり親家庭への支援と課題：ミュンヘン市の調査事例をもとに」『城西国際大学大学院紀要』(17)、15-24。

魚住明代（2016）「ドイツにおけるひとり親家族への支援と課題：ライプチヒ、デッサウの調査をもとに」『城西国際大学紀要』24(2)、17-27。

江沢あや・鈴木玲（訳）「日本におけるシングルマザー、福祉改革、貧困」『大原社会問題研究所雑誌』711、19-32。

扇沢真治（1973）「疎外される母子家庭」『月間福祉』56(1)、33-38。

大友信勝（2000）「第Ⅲ部 母子世帯調査―被保護母子世帯調査を中心にして―」『公的扶助の展開』旬報社、315-394。

大友信勝（2013）「日本における生活保護の自立支援」『季刊公的扶助研究』229、28-43。

金川めぐみ（2012）「日本におけるひとり親世帯研究の動向と課題」『経済理論』369、1-16。

唐鎌直義（2012）「第2章 社会福祉における貧困論の展開」河合克義編著『福祉論研究の地平―論点と再構築』法律文化社、21-52。

川村あい子（1962）「母子寮と地域社会」『月刊福祉』45（2・3）、49-52。

公益財団法人資生堂社会福祉事業財団（2013）『第38回（2012年度）資生堂児童福祉海外研修報告書』。

厚生労働省（2002）「母子家庭等自立支援対策大綱」（https://www.mhlw.go.jp/topics/2002/03/tp0307-3.html、2019.8.31）

厚生労働省雇用均等・児童家庭局家庭福祉課母子家庭等自立支援室（2006）「母子家庭の母の自立支援関連資料」（https://www.wam.go.jp/wamappl/bb16GS70.nsf/0/43cf21a29ab9d0af492571720016534b/$FILE/20060518siryou5_1.pdf、2019.3.15）

厚生労働省（2007）「平成18年度 全国母子世帯等調査結果報告（平成18年11月1日現在）」（https://www.mhlw.go.jp/bunya/kodomo/boshi-setai06/、2019.6.1）

厚生労働省（2011）「社会的養護の課題と将来像」（https://www.mhlw.go.jp/bunya/kodomo/syakaiteki_yougo/dl/08.pdf、2019.8.31）

厚生労働省雇用均等・児童家庭局家庭福祉課母子家庭等自立支援室（2011）

「平成22年度母子家庭等対策の実施状況」(https://www.mhlw.go.jp/wp/hakusyo/boshi/10/dl/taisaku22.pdf、2019.3.15)

厚生労働省(2014)「母子生活支援施設運営ハンドブック」(https://www.mhlw.go.jp/file/06-Seisakujouhou-11900000-Koyoukintoujidoukateikyoku/0000080110.pdf、2019.8.31)

厚生労働省(2017)「新しい社会的養育ビジョン」(https://www.mhlw.go.jp/file/05-Shingikai-11901000-Koyoukintoujidoukateikyoku-Soumuka/0000173888.pdf、2019.8.31)

厚生労働省(2017)「平成28年度全国ひとり親世帯等調査結果報告」。

厚生労働省雇用均等・児童家庭局家庭福祉課母子家庭等自立支援室(2018)「平成27年度母子家庭の母及び父子家庭の父の自立支援施策の実施状況」(https://www.mhlw.go.jp/file/06-Seisakujouhou-11900000-Koyoukintoujidoukateikyoku/0000189625.pdf、2019.3.15)

厚生労働省(2018)「平成29年賃金構造基本統計調査」(https://www.mhlw.go.jp/toukei/list/chinginkouzou.html、2019.3.15)

厚生労働省(2019a)「平成30年 国民生活基礎調査の概況」(https://www.mhlw.go.jp/toukei/saikin/hw/k-tyosa/k-tyosa18/index.html、2019.8.31)。

厚生労働省(2019b)「2018年 海外情勢報告」(https://www.mhlw.go.jp/wp/hakusyo/kaigai/19/、2019.9.3)

厚生労働省(2019)『厚生統計要覧(平成30年度)』。

厚生労働省子ども家庭局家庭福祉課(2019)「ひとり親家庭等の支援について」(https://www.mhlw.go.jp/content/000485881.pdf、2019.3.15)

厚生労働省「国民生活基礎調査」(https://www.mhlw.go.jp/toukei/list/20-21kekka.html、2019.3.14)

小銭寿子(2003)「母子生活支援施設における精神保健福祉士のコンサルテーションに関する考察」『道都大学紀要. 社会福祉学部』(29)、115-132。

小林彌八(1951)「母子寮の横顔」『母子寮』(4)、14-15。

これからの母子寮のあり方委員会(1989)「これからの母子寮の基本的方向」社会福祉法人全国社会福祉協議会・全国母子寮協議会(1995)『平成

7 年度全国母子寮協議会基本文献資料集』、83-100。

近藤理恵（2010）「リスク社会におけるドイツの低所得ひとり親家庭に対する就労支援」『社会分析』（37）、81-98。

財団法人こども未来財団（2009）『社会的養護体系における母子生活支援施設の現代的役割とケアのあり方に関する調査研究』。

齋藤純子（2012）「ドイツにおける子どもの貧困」『大原社会問題研究所雑誌』（649）、16-29。

斎藤弘美（2016）「母子生活支援施設における就労支援について」『母子福祉部会紀要』（10）、97-101。

堺恵（2010）「母子世帯に対するワークフェア政策の概観—2002年改革に関する先行研究を通して—」『龍谷大学大学院研究紀要 社会学・社会福祉学』（17）、71-85。

堺恵（2011）「『全国母子世帯等調査』における調査項目の変遷」『龍谷大学大学院研究紀要 社会学・社会福祉学』（18）、55-64。

堺恵（2013）「母子生活支援施設の利用世帯における入所理由の分析」『龍谷大学大学院研究紀要 社会学・社会福祉学』（20）、69-78。

桜井啓太・中村又一（2011）「ワーキングプア化する生活保護『自立』世帯—P市生活保護廃止世帯の分析—」『社会福祉学』52(1)、70-82。

桜井啓太（2017）『〈自立支援〉の社会保障を問う—生活保護・最低賃金・ワーキングプア』法律文化社。

流石智子（1998）「母子生活支援施設で生活している母と子の自立支援と現状」『ジェンダー研究』1、40-52。

児童養護施設等の社会的養護の課題に関する検討委員会・社会保障審議会児童部会社会的養護専門委員会（2011）『社会的養護の課題と将来像』。

社会部・社会法令課（1957）「京都府下の母子寮の実態をみる」国立国会図書館調査立法考査局『レファレンス』（75）、77-87。

社会福祉法人全国社会福祉協議会・全国母子生活支援施設協議会（2009）『平成20年度全国母子生活支援施設実態調査報告書』。

社会福祉法人全国社会福祉協議会・全国母子生活支援施設協議会（2011）『平成22年度全国母子生活支援施設実態調査報告書』。

社会福祉法人全国社会福祉協議会・全国母子生活支援施設協議会（2012）『母子生活支援施設運営指針関係資料集』。

社会福祉法人全国社会福祉協議会・全国母子生活支援施設協議会（2013）『平成24年度全国母子生活支援施設実態調査報告書』。

社会福祉法人全国社会福祉協議会・全国母子生活支援施設協議会（2013）『全母協通信』（137）。

社会福祉法人全国社会福祉協議会・全国母子生活支援施設協議会（2014）『全母協通信』（138）。

社会福祉法人全国社会福祉協議会・全国母子生活支援施設協議会・私たちのめざす母子生活支援施設（ビジョン）策定特別委員会（2015）『私たちのめざす母子生活支援施設（ビジョン）報告書』（http://zenbokyou.jp/outline/pdf/siryou_vision.pdf、2019.8.31）

社会福祉法人全国社会福祉協議会・全国母子生活支援施設協議会（2015）『平成26年度全国母子生活支援施設実態調査報告書』。

社会福祉法人全国社会福祉協議会・全国母子生活支援施設協議会（2015）『全母協通信』（140）。

社会福祉法人全国社会福祉協議会・全国母子生活支援施設協議会（2017）『平成28年度全国母子生活支援施設実態調査報告書』。

社会福祉法人全国社会福祉協議会・全国母子生活支援施設協議会（2019）『平成30年度基礎調査報告書』。

社会福祉法人みおつくし福祉会東さくら園（2009）『母子生活支援施設における就労支援の現状と課題—東さくら園就労実態調査から—』。

季武雅子・佐藤文・坂田俊・森岡壮吉（2017）「主要先進国における財政健全化に向けた取組（下）」『ファイナンス：財務省広報誌』52(11)、28-32。

菅原まさ（1968）「地方都市の母子寮に住む母の生活実態と健康」『労働科学』44(2)、85-94。

芹沢栄之（1964）「母子寮というもの—母と子を守る施設の立場から—」『月刊福祉』47(10)、15-20。

全国母子寮協議会特別委員会報告（1994）「家庭・家族福祉の拠点をめざす」社会福祉法人全国社会福祉協議会・全国母子寮協議会（1995）『平成

　7年度全国母子寮協議会基本文献資料集』、101-136。

副田あけみ（1985）「敗戦直後における母子寮」『人文学報. 社会福祉学1』
　（179）、195-214。

副田義也・吉田恭爾（1976）「母子寮の現状と将来像」『季刊社会保障研究』
　12(2)、66-78。

高橋正統（1974）「母子寮何処へ行く―その存廃をめぐって―」『月間福祉』
　57(4)、43-47。

田中耕太郎（1999）「第8章 社会扶助」古瀬徹・塩野谷祐一編『先進諸国の
　社会保障4 ドイツ』東京大学出版会、151-174。

田中チカ子（1998）「ひとり親家庭への自立支援の課題と将来展望」『松山東
　雲短期大学研究論集』29、207-217。

田宮遊子（2019）「母子世帯の貧困と低賃金に対する政策効果についての分
　析」『社会政策』10(3)、26-38。

ティム・メイ著、中野正大監訳（2005）『社会調査の考え方［論点と方法］』
　世界思想社。

寺嶋恵美（2016）「母子生活支援施設における自立支援」『精神療法』42(6)、
　808-812。

特別研究委員会報告（1979）「あるべき母子寮の姿」社会福祉法人全国社会
　福祉協議会・全国母子寮協議会（1995）『平成7年度全国母子寮協議会基
　本文献資料集』、15-60。

戸田典子（2010）「失業保険と生活保護の間―ドイツの求職者のための基礎
　保障―」『レファレンス』（709）、7-31。

内閣府（2014）「子供の貧困対策に関する大綱」（https://www8.cao.go.jp/
　kodomonohinkon/pdf/taikou.pdf、2019.8.31）

内閣府（2016）『諸外国における子供の貧困対策に関する調査研究』報告書
　（https://www8.cao.go.jp/kodomonohinkon/chousa/h27_gaikoku/index.
　html、2019.8.31）。

中島尚美（2015）「社会的養護施設としての母子生活支援施設の存在意義に
　関する考察―社会的養護体制の構築過程にみる位置づけの分析をとおして
　―」『生活科学研究誌』（14）、45-63。

永野武（2005）「第8章 質的調査の魅力」大谷伸介・木下栄二・後藤範章・小松洋・永野武『社会調査へのアプローチ［第2版］』ミネルヴァ書房。

人間禅出版部（2002）「〜海外仏教だより〜（バングラデシュ）マハムニ母子寮」『禅』7、126-128。

根本到（2006）「第3章 失業扶助制度と社会扶助制度との統合—ハルツ第Ⅳ法による失業給付Ⅱ制度の創設」独立行政法人労働政策研究・研修機構『労働政策研究報告書No.69 ドイツにおける労働市場改革—その評価と展望』、27-47。

長谷川祥子・檜谷美恵子（2001）「母子生活支援施設の空間計画と住生活に関する考察」『大阪市立大学生活科学部紀要』49、33-47。

秦恵美子（1967）「当面している母子寮の諸問題」日本福祉大学『研究紀要』（12）、27-50。

原俊彦（2001）「ドイツの家族政策の特徴とその受容」『現代社会学研究』（14）、73-93。

林千代（1978）「戦後にみる母子寮の歩みと課題(1)—昭和20年から40年まで—」『母子研究』（1）、126-138。

林千代（1979）「戦後にみる母子寮の歩みと課題(2)—昭和41年から51年まで—」『母子研究』（2）、149-165。

林千代（1982）「母子寮利用者把握の試み—第21回全国母子寮研究協議会『母子寮ケース事例集』にもとづいて—」『淑徳短期大学研究紀要』21、45-52。

林千代（1992）『母子寮の戦後史 もう一つの女たちの暮らし』ドメス出版。

布川日佐史（2002）「ドイツにおける就労支援と『活性化』に向けた新たな試み」『総合社会福祉研究』（21）、120-126。

布川日佐史（2003）「ドイツにおける労働市場政策改革の現段階」『静岡大学経済研究』7（3・4）、273-287。

福島三恵子（2000）『母子生活支援施設のあゆみ—母子寮の歴史をたどる—』せせらぎ出版。

藤原千沙（2005）「ひとり親の就業と階層性」社会政策学会編『若者—長期化する移行期と社会政策 社会政策学会誌第13号』法律文化社、161-175。

古瀬徹（1999）「第1章　ドイツの社会保障と日本」古瀬徹・塩野谷祐一編『先進諸国の社会保障4　ドイツ』東京大学出版会、3-14。

母子寮基本問題検討委員会（1985）「母子寮改善についての提言」社会福祉法人全国社会福祉協議会・全国母子寮協議会（1995）『平成7年度全国母子寮協議会基本文献資料集』、61-82。

堀場純矢（2013）「6章　母子生活支援施設からみた家族支援～10施設の聞き取り調査から～」『階層性からみた現代日本の児童養護問題』明石書店。

牧野修二（1949a）「母子寮の建て方（一）―児童福祉施設最低基準令に沿って―」全国社会福祉協議会『社会事業』32（1・2）、37-44、60。

牧野修二（1949b）「母子寮の建て方(2)―児童福祉施設最低基準令と対照して―」全国社会福祉協議会『社会事業』32(6)、56-62。

牧野修二（1949c）「母子寮の建て方(3)―児童福祉施設最低基準令と照応して―」全国社会福祉協議会『社会事業』32(7)、52-59。

松原康雄（1999）「第1章　ファミリーサポートの拠点としての母子生活支援施設」松原康雄編著『母子生活支援施設―ファミリーサポートの拠点―』エイデル研究所、9-27。

松原康雄（1999）「第2章　子どもと母子生活支援施設」松原康雄編著『母子生活支援施設―ファミリーサポートの拠点―』エイデル研究所、29-42。

松本武子・鈴木伸子（1968）「母子世帯の生活に関する一考察―東京都母子寮在住世帯調査に関して―」日本女子大学社会福祉学科『社会福祉』(14)、5-28。

武藤敦士（2012）「母子世帯の貧困と就労支援の課題―『母子家庭自立支援給付金事業』を中心として―」『龍谷大学大学院研究紀要　社会学・社会福祉学』19、37-56。

武藤敦士（2013a）「母子生活支援施設における『アフターケア』に関する一考察　―『母子生活支援施設運営指針』を中心として―」『中部社会福祉学研究』(4)、75-84。

武藤敦士（2013b）「母子生活支援施設における自立支援計画のあり方について」『人間福祉学研究』6(1)、105-123。

武藤敦士（2013c）「母子生活支援施設における地域協働の意義と課題　～『全

国母子生活支援施設協議会倫理綱領』に定める地域協働の実現に向けて
　　～」、公益社団法人日本社会福祉士会『社会福祉士』(20)、8-16。

武藤敦士（2015a)「施設数減少からみた母子生活支援施設の研究と実践の課
　　題―戦後母子寮研究からの示唆―」、立命館大学産業社会学会『立命館産
　　業社会論集』51(3)、105-124。

武藤敦士（2015b)「母子生活支援施設入所の母子世帯が抱える課題～母子
　　生活支援施設入所世帯のドキュメント分析を通して～」、公益社団法人日
　　本社会福祉士会『社会福祉士』(22)、30-37。

武藤敦士（2016)「母子生活支援施設の役割・機能と支援対象―母子生活支
　　援施設入所世帯の実態と施設が抱える今日的課題―」、同朋大学社会福祉
　　学部『同朋福祉』22(44)、143-176。

武藤敦士（2017)「3章 ワークフェアか所得保障か―女性労働者問題から考
　　える母子世帯の貧困」大友信勝監修、權順浩・船本淑恵・鵜沼憲晴編『社
　　会福祉研究のこころざし』法律文化社、45-61。

武藤敦士（2018)「母子生活支援施設入所世帯の所得変動に関する一考察―
　　入所後3年間の所得に注目して」『高田短期大学介護・福祉研究』(4)、
　　25-36。

村田典子（1999)「第5章 利用者の声」松原康雄編著『母子生活支援施設―
　　ファミリーサポートの拠点―』エイデル研究所、97-131。

森周子（2012)「ドイツの求職者生活保障制度と社会的包摂―ハルツⅣ法
　　施行後の上乗せ受給者への政策的対応を中心に―」『社会政策』 4(2)、
　　82-93。

森周子（2019)「第12章 ドイツの社会保障」芝田英昭・鶴田禎人・村田隆史
　　編著『新版 基礎から学ぶ社会保障』自治体研究社、163-177。

山崎美貴子（1994)「21世紀をめざす母子寮づくり―ともに生き、ともに学
　　び合う母と子の拠点―」社会福祉法人全国社会福祉協議会・全国母子寮協
　　議会（1995)『平成7年度全国母子寮協議会基本文献資料集』、173-201。

山辺朗子（2007)「総論」社会福祉法人宏量福祉会野菊荘『母子生活支援施
　　設における自立支援計画策定に関する研究報告書』。

湯澤直美（1999)「第4章 女性と母子生活支援施設」松原康雄編著『母子生

　活支援施設―ファミリーサポートの拠点―』エイデル研究所、63-96。

湯澤直美（2005）「ひとり親家族政策とワークフェア―日本における制度改革の特徴と課題」社会政策学会編『若者―長期化する移行期と社会政策　社会政策学会誌第13号』法律文化社、92-109。

湯澤直美・藤原千沙・石田浩（2012）「母子世帯の所得変動と職業移動 ―地方自治体の児童扶養手当受給資格者データから―」『社会政策』 4 (1)、97-110。

私たちのめざす母子生活支援施設（ビジョン）策定特別委員会（2015）「私たちのめざす母子生活支援施設（ビジョン）報告書」（http://zenbokyou.jp/outline/pdf/siryou_vision.pdf、2019.5.27）

著者紹介

武藤　敦士（むとう　あつし）

1972年北海道生まれ。立命館大学大学院社会学研究科応用社会学専攻博士課程後期課程修了、博士（社会学）。
社会福祉士、精神保健福祉士。母子生活支援施設少年指導員、高田短期大学子ども学科助教を経て、現在、東北学院大学地域総合学部准教授。

主な著書
『社会福祉研究のこころざし』（共著、法律文化社、2017年）
『子ども家庭福祉』（共著、みらい、2020年）
『母と子の未来へのまなざし―母子生活支援施設 カサ・デ・サンタマリアの25年―』（共著、ヘウレーカ、2021年）

母子生活支援施設の現状と課題

発　行　日───2020年10月28日　初版第1刷発行
　　　　　　　　2023年11月20日　初版第2刷発行

著　　　者───武藤　敦士
発　行　者───竹鼻　均之
発　行　所───株式会社みらい
　　　　　　　〒500-8137　岐阜市東興町40番地　第五澤田ビル
　　　　　　　TEL　058（247）1227㈹
　　　　　　　FAX　058（247）1218
　　　　　　　http://www.mirai-inc.jp/
印刷・製本───西濃印刷株式会社